U0000752

政黨論
孫中山政治思想研究
（一）

陳春生　著

臺灣商務印書館

博愛

孫文

「孫中山政治思想研究」總序

　　作者於臺灣大學政治學研究所畢業後三年，即承乏臺灣大學一年級共同必修科「國父思想」的教學。在威權時期，這門課是臺灣各大專院校的「共同必修科」。但自量對孫中山思想並無深入研究，至為惶恐。後來回想在大學讀書時，有一門「中國政治思想史」的必修課程，於眾多參考書中，發現蕭公權教授所著《中國政治思想史》，他從孔子、孟子、荀子、管子、談到梁啟超，而「總目」中所列最後一位中國政治思想家是孫中山，可是內容空白。「凡例」表示：「原稿淪陷，仍存其目，以明原委。」由此可知，在政治學家的心目中，孫中山的政治思想是值得重視的，而作者所執教的課程與所學亦不脫節。這是作者鼓起勇氣投入研究「孫中山政治思想」的動機之一。

　　復見於孫中山的歷史地位，以 Sun yat-Sen（孫逸仙）之名揚名世界。在二十世紀初葉，中國的孫逸仙與蘇聯的列寧、印度的甘地、美國的威爾遜齊名，都是享譽國際的政治人物。特別是孫中山在中國及海外鼓吹革命，中國人民在他的思想領導之下，推翻兩千多年的君主專制，建立民主共和政體。中華民國政府尊稱為「國父」，中華人民共和國政府則譽為「革命的先行者」。這顯示孫中山在中國政治史上必有其耀

眼的地位，而且將隨著光陰的流逝愈放光芒！吾人在學術研究工作上，以其「政治思想」為主題，自有其意義。這是作者立定志向，用黃金歲月研究「孫中山政治思想」的動機之二。

孫中山的著述不是學術論文，沒有系統可言，而多為通俗的演說詞和書信談話言論，言詞偶有前後矛盾、語意不明之處，因此有人認為「三民主義」沒有研究價值，實則其中蘊涵著厚實的政治思想底蘊。

基於教學相長的需要，作者擬定長期系列研究計畫，用政治學研究法，分析孫中山政黨論、政權論、政府論，這三篇論文即為作者的研究成果。「孫中山政治思想研究」的建構，始於 1973（民國 62）年 10 月，經資料蒐集、整理、分析、歸納，1978（民國 67）年 4 月，由校內書商──再興出版社出版《國父政黨思想研究》，曾獲「中正學術著作獎」。1981（民國 70）年 4 月，由五南出版社出版《國父政權思想研究》，曾獲「建國七十年菲華中正文化學術著作獎」。1986（民國 75）年 10 月，完成《國父政府思想研究》，為打字稿尚未公開出版。以上三篇專題研究論文，皆獲得「國家科學委員會」獎助。本書係作者將這三篇專題研究論文作部分修訂後之總稱，因其主題不同，乃分別定名為「政黨論」、「政權論」、「政府論」三冊，總其名為「孫中山政治思想研究」。茲簡述三書內容提要如下：

關於政黨論，民主政治需有政黨，始能圓滿運作。政黨可以互相監督，反映民意，可以避免流血革命，遇有重大政

治問題，引起意見衝突，可用和平選舉或公民投票訴諸民意來解決紛爭。政黨可以教育選民，提高人民的政治知識和對國家發展的關心。

孫中山主張實施「兩黨制」的政黨政治。1913 年 3 月 1 日，孫中山演講「政黨之要義在為國家造幸福為人民謀樂利」時說：「凡一黨秉政，不能事事皆臻完善，必有在野黨在旁觀察，以監督其舉動，可以隨時指明。國民見在位黨之政策不利於國家，必思有以改絃更張，因而贊成在野黨之政策者必居多數。在野黨得多數國民之信仰，即可起而代握政權，變而為在位黨。蓋一黨之精神才力必有缺乏之時，而世界狀態變遷無常，不能以一種政策永久不變，必須兩黨在位在野互相替代，國家之政治方能日有進步。」

但在革命建國過程，欲推翻二千多年的君主專制政體，只有以「革命黨」的力量來協助軍隊掃除建國障礙，並訓練人民自己當「皇帝」，做國家的主人。在憲政實施後，即應開放組黨自由，再由人民去選擇政黨組織政府。如果不此之圖，在革命成功憲法公布實施之後，仍由一黨獨裁統治，那並非孫中山政治思想的本義。作者在分析孫中山政黨理論的內涵之後，也將民主政黨與極權政黨的理論基礎與制度加以比較。

關於政權論，孫中山所謂「政權」即是「政治主權」，這與「法律主權」是相對的，其實就是人民的「參政權」，他要使人民普遍擁有直接行使四種參政權（選舉、罷免、創制、複決）的機會，讓人民當國家的主人，才算是真正的民

主國家。舉凡政府的組成，政策的施行，要基於人民的同意。如果制定「公民投票法」，卻又設計阻撓人民公投的「審議委員會」，這是假民主。

孫中山主張實施「直接民權」，強調「主權在民」的重要，蓋為避免國內戰爭，預防政府專制腐化，以順應世界潮流。過去中國常發生內戰，造成人民顛沛流離的痛苦，破壞許多文化遺產，少有建設，實因大家爭做皇帝，亦即爭國家領導權，這種野心家代代不絕。孫中山提倡「主權在民」，即在避免野心家爭「皇帝」時造成災難。

孫中山不反對「代議政治」，因為代議政治是保障民主政治正常運作的方法。不過「代議政治」有許多流弊，西方思想家盧梭、密勒、浦萊斯均有批評。孫中山在「中華民國建設之基礎」一文中說：「彼踞國家機關者，其始藉人民之選舉以獲此資格，其繼則悍然違反人民之意思以行事，而人民亦莫如之何。」為此，凡是藉選舉而在位的總統或國會議員，人民皆得起而罷免之。

關於政府論，孫中山主張五權分立的「總統制」，總統直接民選，並建構一個「民主廉能政府」。

1921 年演講「五權憲法」時，孫中山說二句相似的話：「在行政人員方面，另外立一個執行政務的大總統，立法機關就是國會，司法人員就是裁判官，和彈劾與考試兩個機關，同是一樣獨立的。」換言之，行政首領就是大總統，總統絕非虛位元首。他在 1923 年「中國革命史」一文又說：「憲法制定之後，由各縣人民投票選舉總統，以組織行政院。」他

未表示行政院長的產生須經國會之同意。顯然孫中山主張總統直選，主張「總統制」，總統是有實權的國家元首。作者認為，我國政制如採類似法國的「半總統制」，並不違反孫中山政府論之本義。

五權分立的要旨在保障監察制度的超然，文官制度的中立及司法獨立。但如果行政權介入司法審判，如果監察委員、考試委員與大法官的產生皆由總統提名，經立法院同意後任命，則一旦總統與國會多數黨是同一政黨時，就可能變成「一黨獨裁」，完全失去「五權分立」的意義。而考監制度之超然中立，即在杜倖進於前，復有以懲溺職於後，防止行政權的濫用。

吾人觀察中華民國憲政發展過程，有人認為「五五憲草」才符合孫中山「五權憲法」之本旨，欲擴大「國民大會」的職權。有人認為修憲前的「中華民國憲法」是依據孫中山「五權憲法」理論所制定。在憲法總綱第一條且明定：「中華民國基於三民主義，為民有、民治、民享之民主共和國。」其實前者是對孫中山設計「國民大會」原意有所誤解，而後者則是對孫中山設計「監察院」之性質有所誤解。作者認為，「國民大會」原指「公民總投票」，而「監察院」並非民意機關，監察委員是中立性高級監察官，超黨派糾彈官邪。司法檢察機關更非執政黨整肅異己之工具。今經七次修憲後，許多不符憲法原理及孫中山政治思想的缺陷仍然存在，中華民國憲法勢需大翻修。

此外，孫中山也強調「地方自治」的重要性，目前臺灣

政府施行的行政區劃調整，增設「直轄市」之政策顯然不符合孫中山政治思想之精神，允宜改正。

　　本書之完成，倘能對中國及臺灣的政治發展有所裨益，余願已足。惟全書或有疏漏之處，尚祈博雅君子有以教之。

陳春生　謹識於臺北溫州寄廬

2013 年 8 月 8 日

自序

　　余對社會科學素感濃厚興趣，蓋深以欲謀人類福祉，減除人生痛苦，社會科學實重於自然科學也。縱目國際社會，追索其所以擾攘不安之原因，可謂中山先生政治思想，尚未能成為人類社會制度之故。有些國家內部，問題重重，人心浮動，馴至種族糾紛迭起，綁架事件發生及投奔自由之事實，正顯示人類社會生活方式與觀念尚有待調整。

　　竊以各國政治家，對外倘能懷抱中山先生平等博愛精神，尊重自己也尊重別人，則國際社會必能走向平坦康莊大道；各國人民必能分享世界和平幸福！乃列強諸國不此之圖，反競逐物質文明之發展，漠視精神文化之淪喪，其不形成物慾橫流、充滿戰爭危機者幾希！同一道理，各國政治家，對內倘能懷抱中山先生平等博愛精神，尊重自己也尊重別人，則其國內社會亦必能臻於安和樂利之境域。

　　是以，吾人頗感人文思想之歸向，對人類幸福生活之影響，顯然遠比技術尤為深鉅！作者主修政治科學，亦深切關注人群福祉，故乃大膽地以個人有限之知識，作為涉獵中山先生精深博大思想之基礎，擬分期從事有計劃之研究工作，希冀探索中山先生思想之底蘊，用為發揚光大，而略盡一己棉薄之心力。「孫中山政黨思想研究」蓋僅係此一嘗試之開

始耳！

本論文凡六章十九節：

第一章，略述作者研究本專題之目的及方法。

第二章，說明中山先生政黨思想之演進經過；因任何思想家，其思想之形成，似不能免除時代、環境兩因素之影響，故頗有必要在探究其政黨思想之前，對中山先生所處之時代背景加以解析。吾人即以時間先後分為三個時期，但民國成立以後，情勢發展頗為複雜，故又細分為三個小時期，以便於論述。

第三章，孫中山政黨思想之理論，可說是本論文之主幹，作者曾花過不少心血。為使讀者加深認識中山先生政黨思想之價值，對於中外學者之學說及看法，亦併予述及之。

第四章，孫中山政黨思想之比較，吾人分別對民主與極權兩個不同性質的政黨類型，從理論基礎及制度上加以比對，並作批判。這是認識中山先生政黨思想真義必須做的工作。然後，吾人將中山先生政黨思想之真義及特色予以說明，以加深讀者對中山先生政黨思想之正確認識。

第五章，略述我國政黨制度，這是理論與實際的配合說明，對中山先生所創立的中國國民黨之特質及我國政黨制度之形態，均做比較客觀的申論。

第六章，結論，將中山先生政黨思想作一總結性的介紹並略述個人感想。

研究過程中，承蒙業師　傅啟學教授之指導及諸位師友之鼓勵，衷心銘感。惟作者學植尚淺，文中難免缺誤，敬祈

賢人君子有以教我，以匡不逮，何其欣幸焉！

目錄

第一章　緒論

第一節　研究目的

一、前言：

我們知道孫中山並不是坐而論道的學者型思想家，而是起而行道的運動型思想家，他的政治思想和政治事功，在中國歷史上是劃時代的！但是我們不可忘記，他並未能及身看到建國成功，這是最大的遺憾！然而他已為我們留下一套建國思想，我們必須珍重研究進而促其實現，庶幾無負孫中山窮四十年盡瘁革命的偉烈志節和他在天的高貴靈魂！作者主修政治學，對孫中山高尚人格至為欽仰，自覺對孫中山學說有發揚之義務，今乃選擇與政治學有關之本論文為主題加以探討。惟在研究其政黨思想之前吾人認為必須瞭解下列幾個關鍵性問題：

二、關鍵問題：

1. 孫中山革命的終極目標是什麼？孫中山一生革命，並不單以推翻滿清統治為目的，他在 1914 年「中華革命黨宣言」中第一句話便說：「吾黨自第一次革命，國

體與政體變更後，即以鞏固共和，實行民權、民生兩主義為己任。」[1] 可見，孫中山革命的終極目標是實行三民主義、五權憲法，建立一個民有、民治、民享之民主共和國。

2. 民主與獨裁的分際是什麼？民主政治是當今政治思潮的主流，但是民主與獨裁在今天與國體之為君主或共和已經沒有必然的關係。兩者之分際不以君主國與共和國為區別，而應以統治形式為標準來劃分，「凡是政府之統治以公意為標準者稱為民主制，統治不受公意拘束，只以一人或少數人的意思為標準者稱為獨裁制。」[2]

3. 政黨與民主政治的關係如何？民主政治其政府施政之根據既然以公意為標準，而公意如何產生？如何匯集？如何表示？這便不得不依賴政黨，故政黨是民主政治的產物。在國家保障人民意見自由的前提下，政黨透過選舉活動，爭取人民的支持與擁護，匯集人民的意見，反映給政府。故可以說政黨是民主政治的原動力，也是人民與民主政府之間的橋樑，而民主政治也就是政黨政治。

4. 孫中山政黨思想之地位如何？孫中山既然以建立民有、民治、民享之民主共和國為目標，而政黨政治又

1.見張其昀主編：《國父全書》（臺北：國防研究院，1966 年 1 月三版）頁 579，1914 年 9 月 1 日「中華革命黨宣言」。
2.見薩孟武著：《中國憲法新論》（臺北：三民書局，1974 年 9 月初版）頁 36。

是民主政治的必然途徑，易言之，捨政黨政治實無法進行民主政治。則孫中山的政黨思想在其政治思想中，自然占有不可忽視的重要地位！吾人對孫中山的政黨理論，應加以研究和發揚。

三、研究目的：

基於對以上四個關鍵問題的認識，是以，吾人本論文之研究目的，至少有下列幾個：

1. 探討孫中山政黨思想之演變。孫中山的思想是隨時代背景而演變的，其政黨思想亦不例外，作者希望從歷史資料中，探討他對於政黨問題在各個時期的不同看法和轉變過程，藉此以明白其政黨思想發生之原委和本義。

2. 分析孫中山政黨思想之內涵。孫中山在政黨問題方面並無專書著作，吾人不易從他的著作中研究其政黨思想，必也從其歷次演講及無數函電、談話及有關之宣言和論說資料中，發掘其思想內容，做一個有系統的介紹工作。

3. 追索孫中山政黨思想之真義。由於有些人對於孫中山在晚年曾主張「聯俄容共」，及「以俄為師」，「以黨治國」，而認為孫中山已拋棄政黨政治理想，要實行革命政治，故政黨理論已不算是他的政治思想之一部分。然則，事實究竟是否如此？乃作者迫切希望瞭解的問題。是以，必須進一步客觀的研究之後，乃能

明白其政黨思想之真義。故作者希望本研究在與其他政黨思想比較之後能獲得這個結果，並確定其價值。

4. 理論與現實的比較。我國憲法規定以三民主義為立國基礎，各種政治制度，係以孫中山政治思想為指針，政黨制度是否合乎孫中山遺教？這也是吾人探索的目的。

5. 提供個人之研究心得。希望能從這個專題研究之中，獲得一些心得，藉以提供各方參考，貢獻知識分子的一份心力。

第二節　研究方法

為達成上一節所述幾點目的，作者採用下列幾種方法進行本論文之研究工作：

一、**歷史研究法**（Historical Approach）——歷史乃人類活動的記錄，對後人可提供一種生活經驗，減少嘗試錯誤，啟迪新的思想，設計新的制度，處理新的事物。是以，個人一直認為人文與社會科學工作者對歷史之研究乃是無可避免的，而且也是重要的！不管研究思想或制度，都缺不了運用歷史方法。孫中山思想雖是一種哲學，但研究其哲學，固不能忽略其所處之時代背景。環境與時間往往是左右人類思想的重要因素，孫中山政黨思想幾經變遷，吾人欲明瞭其本末，自須明瞭當時之政治社會現實。故本書第二章〈孫中山政黨思想之演進〉，即係採用歷史方法。此外，為了進一步認識

孫中山政黨思想之真精神起見，也必須對西方民主主義、極權主義及其派生的政黨制度做歷史的觀察。

二、理論研究法（Theoretical Approach）——吾人對一種政治理論，必須從哲學觀點上予以綜合研究（Synthetical Approach）才能發掘思想家對一種事象的整體看法，而不致使結果產生見樹不見林之弊病。吾人研究孫中山政黨思想，主旨在研究孫中山對政黨政治之真正遺教，但他在這方面並無自成體系之著作，勢必從其有關政黨政治的演講詞及與同志友人來往通信函電，歷次政治運動之宣言文件，並參酌其他論述，做一個彙整綜合的理論分析，故必須運用理論的研究方法，以使成為有組織有系統的理論，進而從事邏輯上的解析及客觀的審查和價值的判斷，這樣才能使研究結果成為有益於人類社會之知識。此外，為了比較之方便，對其他中外學者有關政黨之理論亦須一併予以闡釋，故本書第三章〈孫中山政黨思想之理論〉，即採用理論的研究法。

三、比較研究法（Comparative Approach）——比較研究法之運用，在人文社會科學方面是極為普遍的重要方法，因為只有運用這種方法，才可發現某種思想之特色和價值所在；也才能判斷制度之優劣點和其可行性。吾人研究孫中山政黨思想，當然要把它拿來與其他類型的政黨思想和制度做個慎重的比較。所謂「慎重」之意，即是要注意多方面的觀點，如從時間、環境、國情、歷史背景、世界潮流、人性心理等因素加以考察。同時，為使知識與實用配合，吾人亦應把孫中山之政黨理論和我國現行政黨制度做一個比較的說明。在

這個民主與極權思想互相對立的時代，國家之環境隨時可能發生來自內外的危險，為了保障我們民主自由的生活方式，我們必須使朝野國人認識孫中山政黨思想之優越性，進而服膺其精神領導，共同為建設我們的民主社會而努力奮鬥，吾人認為這是當今知識分子，尤其是政治思想工作者，無可旁貸之使命，故，本論文第四、五章均曾採用比較的研究方法。

第二章 孫中山政黨思想之演進

第一節 民國以前時期

　　孫中山政黨思想之演變，大體上可分為三個階段，即①民國以前時期，②民國以後時期，③中國國民黨改組時期。研究他的政黨思想，對各個時期之背景須先有個概括的認識。請先論民國以前時期，這個階段，時自 1894 年興中會成立起至 1911 年滿清傾覆，民國肇建時止，共十八年。孫中山奔走革命，有組黨行動而未發表政黨理論。但吾人認為行動實源自思想，思想則難免受環境之影響，故必須說明此期間之經過情形。

　　本來，孫中山改革中國社會的思想，早在求學時代即已開始孕育，而立志革命，則正如他在《中國革命史》一書所告知於我們的是在 1885 年，清光緒 11 年「乙酉中法戰後」[1]。至於何以捨改革之途而走武力革命之路呢？我們翻閱 1894 年，清光緒 20 年「檀香山興中會成立宣言」及 1895 年、清光緒 21 年「香港興中會宣言」一看，即可瞭然。在「香港興

---

1. 見張其昀主編：《國父全書》（臺北：國防研究院，1966 年 1 月三版）頁 1041，「中國革命史」第 1 句：「余自乙酉中法戰後，始有志於革命」。

中會宣言」中，他感嘆著說：

> 「中國積弱，至今極矣！上則因循苟且，粉飾虛張；下則蒙昧無知，鮮能遠慮。堂堂華國，不齒於列邦；濟濟衣冠，被輕於異族；有志之士，能不痛心！……乃以政治不修，綱紀敗壞，朝廷則鬻爵賣官，公行賄賂，官府則剝民刮地，暴過虎狼。盜賊橫行，饑饉交集，哀鴻遍野，民不聊生，嗚呼慘矣！方今強鄰環列，虎視鷹瞵，……有心人不禁大聲疾呼，亟拯斯民於水火，切扶大廈之將傾，庶我子子孫孫，或免奴隸於他族。用特集志士以興中，協賢豪而共濟，……」[2]

足見當時的中國社會，「韃虜苛殘，生民憔悴」，在孫中山的心目中，殆已無可救藥，非集結志士，「甘赴湯火」、「糾合英雄，建旗倡義」不可。而其目的，乃「擬驅除殘賊，再造中華，以復三代之規，而步泰西之法，使萬姓超甦，庶物昌運。」[3] 他起而領導革命，毫無稱王稱帝的個人英雄主義之思想存在！

於是，孫中山乃於甲午年（1894年，清光緒20年）前往檀香山集合同志，組織興中會。當時正好是中日發生戰爭之時，日軍迭次勝利，攻陷山東，而人民知識未開，有革命覺

2.見同上，《國父全書》，頁351，「香港興中會宣言」。
3.見同上，《國父全書》，頁388，1897年應英國圜橋大學教授翟爾斯氏之請所作「自傳」。

悟者很少，在太平洋小島上，一時亦不易找到革命青年，故興中會創設之初，會員寥寥無幾，參加發起之人，除中山先生的哥哥孫德彰之外，只有鄧蔭南、劉祥等人及其他數十人之贊助而已。是年 9 月，興中會開第一次會議於檀香山，參與組織者推舉孫中山先生為會長，黃華恢為司庫，李昌等人為幹事，發起募集革命經費，規定成功之日加倍償還。次年（即 1895 年，清光緒 21 年），孫中山先生返香港，與鄭士良、陸皓東、黃詠襄、陳少白、楊鶴齡、尤烈等人，擬聯絡各省革命同志，擴大興中會之組織，以利革命。當時適有楊衢雲、謝讚泰等設有輔仁文社，遂與他們接洽組黨之事，請他們合作而加入興中會。於是會務日漸開展，設總機關於士丹頓街十三號，託名曰：「乾亨行」，以避警探耳目。凡入會者須一律宣誓，誓詞曰：「驅除韃虜，恢復中華、創立合眾政府。倘有二心，神明鑒察。」[4]

顯然，這是表面公開的結社而實為秘密性質的革命組織。從興中會章程看，會員入會手續嚴密，「務要由舊會員二人之薦引，經董事查其心地光明，確具忠義，有心愛戴中國，肯為其父母邦竭力，維持中國以臻強盛之地」[5]者才能入會。而且會員之間必須互相討論，常相研究，「講求興中良法，討論當今時事，考究各國政治，各抒己見，互勉進益」[6]。各處支會公所，即專為會員討論研究而設，這對會員之訓練

4.參閱楊幼炯著：《中國政黨史》（臺灣商務印書館，1969 年 3 月二版）頁 18-9。
5.見《國父全書》（前揭）頁 352，「香港興中會宣言」，章程第 5 條。
6.見同上「香港興中會宣言」，章程第 9 條。

方面頗為重要。基於此一性質，楊幼炯先生認為興中會之組織著重於鍛鍊革命志士，而與後來同盟會之組織著重革命鬥爭者不同[7]。

興中會成立之後，會員分途活動，孫中山先生駐廣州，專任軍事工作，設立農學會於廣州城內為指揮機關；楊衢雲駐香港，專任後方接應及財務事務；黃詠襄捐送蘇杭街大樓一所，賣出得八千餘元為黨中公費，這些錢對乙未首義廣州之役甚有幫助[8]。當此之時，興中會之主張已與康有為等保皇黨人形成對立的態勢。

同盟會是繼興中會而產生的革命團體，1905年在歐洲的比京舉行第一次結黨式，同年（1905年，光緒31年）7月，正式成立於東京。

且說自庚子漢口、惠州兩役失敗之後，亡命日本者群集東京，革命風潮日益緊張，革命勢力，極見雄厚，此時，孫中山先生自美至日，學生代表到橫濱歡迎者百餘人，但尚無集中的革命勢力。7月某日假東京赤阪區、虎之門、黑龍會為會場，舉行同盟會籌備會，到會者除孫中山先生之外，有黃興、張繼、陳天華、胡漢民、汪兆銘等五十餘人。由孫中山先生演講三民主義及革命須團結之理論，並經通過組織「中國革命同盟會」，簡稱「中國同盟會」，贊成者須立誓約，誓詞有：「驅除韃虜、恢復中華、創立民國、平均地權」字樣。孫中山先生被選為總理，其下設執行、評議、司法三部，

7.參閱楊幼炯著（前揭書），頁23-24。
8.參閱　同上，頁19。

執行部之下且分庶務、內務、經理、外交、會計、書記六科。本部設於東京，國內各重要都市設立支部。這個組織可說是中國各種革命組織的大結合，除原有的興中會之外，有黃興、宋教仁、張繼、陳天華等人組織的湖南革命團體——華興會，及章炳麟、蔡元培、吳敬恒等人組成的江浙革命團體——光復會，統以《民報》為機關報，開始猛烈宣傳革命。其10月21日出版的《民報》第一期「發刊詞」中，孫中山先生首次以文字發表三民主義，擬舉政治革命，社會革命，「畢其功於一役」。而同盟會之主張仍與梁啟超等立憲派之言論針鋒相對。同盟會組成之後發布宣言，揭示四大綱，即①驅除韃虜，②恢復中華，③建立民國，④平均地權，隱然已有三民主義之輪廓。

由於同盟會之重要目標，乃在領導華僑會黨及反正的舊式軍隊，以從事革命運動，而其組織則力求適合祕密的革命鬥爭，故較興中會為靈活便利，執行、評議、司法三部多以舉開聯席會議來決定政策，故指揮集中，會員行動一致。為達成革命目的，亦難免採取暗殺政策[9]。此際輿論，立憲與革命之爭，仍然壁壘分明。

自乙未廣州之役至辛亥武昌起義，孫中山先生一面宣傳，一面領導進行革命鬥爭，歷經庚子惠州之役，丙午萍鄉醴陵之役、潮州黃岡之役、惠州之役、欽廉之役、鎮南關之役、欽廉上思之役、雲南河口之役、黃花岡之役……革命黨人拋頭顱灑熱血，前仆後繼，著實「歷艱難險巇」，而死事

9.參閱　同上，頁 24-33。

之慘，尤以辛亥 3 月 29 日，圍攻兩廣督署之役為最。革命黨菁華，付之一炬，其損失可謂大矣！「然是役也，碧血橫飛，浩氣四塞。草木為之含悲，風雲因而變色。全國久蟄之人心，乃大興奮；怨憤所積，如怒濤排壑，不可遏抑，不半載而武昌之大革命以成。」[10]

由以上之事實，足證在推翻滿清政權以前，孫中山先生所組織之興中會與同盟會，都是革命黨性質，為劍及履及之行動。而所發行之報刊，亦係以喚起民眾，相與戮力，共同推翻二百六十餘年異族專制統治為目的，務期進而建設一個以「三民主義，五權憲法」為立國基礎的新中國！顯然，在這個大前提之下，要談「政黨政治」是走不通的！誠如鄧公玄先生所說：「清末的維新運動與立憲運動，在動機上當然也無可厚非，但是他們的目的與道路則完全是錯誤的，因為他們要以早已腐朽的滿清軀殼來作富強的基礎。當然等於緣木求魚。」[11]因此，這個時期的孫中山先生沒有發表過關於政黨問題之言論或著作。然而其具有「欲完成旋轉乾坤之大業，必組織革命團體以進行」之認識，是無可置疑的！

第二節　民國以後時期

第一項　政黨發生時期

民國以後時期又可分為三階段，即：1.政黨發生時期，2.

10.見《國父全書》（前揭）頁 1052，「黃花岡烈士事略序」。
11.見鄧公玄著：《政黨政治的理論與實際》（臺北：中央文物供應社，1953年 12 月初版）頁 70。

恢復革命時期，3.成立中國國民黨時期。自民國成立至 1913
年 3 月 20 日宋教仁被刺前，孫中山竭力維護共和，而此時各
種政黨蓬勃發生，故曰政黨發生時期。茲將當時政治社會背
景說明之：

民國建元之初，國事如麻，百廢待舉，一切均在草創之
中。孫中山先生被舉為南京臨時政府大總統之後，本來「極
力主張施行革命方略，以達革命建設之目的，實行三民主義。
而吾黨之士，多期期以為不可，經予曉喻再三，辯論再四，
卒成無效，莫不以為⋯⋯理想太高⋯⋯不禁為之心灰意冷
矣！」[12]他認為「革命之有破壞，與革命之有建設，固相因而
至，相輔而行者也。今於革命破壞之後，而不開革命建設之
始，是無革命之建設矣；既無革命之建設，又安用革命之總
統為？」[13]因此，所以萌退志，而對「臨時大總統」之職位並
無多重視，蓋見於情況如此無大作為也！繼之只好對袁世凱
仍採和議政策，這可以說完全是受了黨員同志認識不清的影
響。而袁世凱也利用其實力與大權，派代表與革命政府議和，
目的在想取得臨時大總統之地位而代之。袁世凱終於以巧妙
手段，取得了中國革命的果實。於 3 月 8 日在北京就臨時大
總統之職，並將誓詞電告參議院，於是民國統一之政府乃告
成立[14]。一些滿清餘孽、官僚政客及從前的守舊派、維新派、
立憲派，乘機而起，袁世凱遂得與其互相利用，勢力愈大；

---

12. 見《國父全書》，頁 21《孫文學說》第 6 章能知必能行。
13. 見同上。
14. 見李守孔著：《民初之國會》（臺北：中國學術著作獎助委員會，1964
　　年 10 月初版）頁 29。

而同盟會的革命黨人，惑於「革命軍起，革命黨消」之說，眼見「排滿」目的已達，竟以為革命已經完成，而紛紛脫離同盟會，或另立門戶，或投入其他集團與革命黨人為敵。

此時各種政黨如雨後春筍成立起來，其總數不下三百餘個[15]，較著者如章炳麟於 1912 年 1 月 3 日組「中華民國聯合會」與立憲派的張謇所組的「預備立憲公會」合為以江浙人士為中心的「統一黨」，政綱比同盟會溫和，而成為袁氏之友黨[16]。孫武、藍天蔚等同盟會分子亦組成以湖北人士為中心的「民社」，標榜盧梭的《民約論》，維護黎元洪。在立憲派方面，「憲友會」則分化為「共和建設討論會」隱奉梁啟超為領袖、「共和統一黨」、「國民協進會」。另外還新成立了「統一共和黨」，以蔡鍔為首，其中分子有原隸同盟會或立憲派者，儼然為第三大黨。其他各種小政團，如①國民共進會、②國民公黨、③共和實進會、④民國公會、⑤國民黨（並非同盟會系所結合之國民黨）、⑥共和促進會、共和俱進會、國民新政社、⑦自由黨、⑧社會黨。此等政黨，不過如曇花一現而已[17]。

1912 年 4 月，參議院遷北京代行國會職權，反同盟會之統一黨先與民社及國民協會會合組共和黨。後來共和黨更合併潘鴻鼎之國民黨及民國公會，而組成新的「共和黨」。5 月 5 日共和黨開成立大會，推黎元洪為理事長，張謇、章炳麟等

15. 見同上，頁 33。
16. 見楊幼炯著：《中國政黨史》（臺北：臺灣商務印書館，1969 年 3 月二版）頁 51-53。
17. 見李劍農著：《中國近百年政治史》（臺北：臺灣商務印書館，1965 年 10 月四版）下冊，頁 365。並見李守孔著：前揭書，頁 33-38。

人為理事。其勢凌駕同盟會之上，形成袁氏之友黨，而為舊勢力之代表。其政綱有三：①保持全國統一，採取國家主義；②以國家權力扶持國民進步；③應世界之大勢，以平和實利立國，故號為「國權黨」[18]。不久，統一黨首領章炳麟辭理事職，仍維持其「統一黨」。

　　此時，同盟會方面的宋教仁力圖聯合他黨勢力合組大黨，同志多反對之，但以爭取臨時參議院，且以政黨內閣相號召，終於 8 月 25 日與統一共和黨、國民共進會、共和實進會、國民公黨，正式合併為「國民黨」。此際，一部分同盟會黨員聞之頗為不甘，多有痛哭者，擬設同盟會俱樂部於上海，以保存革命之價值，表示不與普通政黨相同之義；而廣東之同盟會則直到 1913 年 1 月 26 日始更名。合併其他政團後的國民黨，以孫中山先生為理事長，但由宋教仁代理，孫中山先生繼續宣傳政黨政治理論。吾人認為他是在不能行革命之建設的情況之下，想因勢利導藉袁世凱政府來安定國家，避免內戰延長，然後透過政黨政治常軌徐圖達成三民主義建國目標，故這個時期他乃專心研究和鼓吹政黨政治理論。這時的國民黨為圖黨勢之擴張，以造成政治上之中心勢力起見，並不求主義之貫徹，故其主張自不如革命前的同盟會時代。國民黨號為「民權黨」[19]，其所發布的五大政綱[20]為①保持政治統一，②發展地方自治，③厲行種族同化，④採行民生政策，⑤維持國際和平。

---

18. 見楊幼炯著：前揭書，頁 57。
19. 見同上。
20. 見《國父全書》，頁 398，1912 年 8 月 13 日「國民黨組黨宣言」。

　　至於，「共和建設討論會」，亦於 1912 年 10 月與共和統一黨及其他以北方為中心之共和俱進會、共和促進會、國民新政社等四政團合併，組成「民主黨」[21]。故在第一次正式國會議員選舉時，參與競選之黨派有四個；即最大的國民黨及與國民黨對抗的共和黨、統一黨、和民主黨。因國會選舉時，國民黨全力以赴，結果參眾兩院共獲 392 席，其他三黨合起來只不過 223 席，袁世凱、趙秉鈞等北洋軍閥官僚深為嫉視，乃一面計畫合共、民、統三政黨之大聯合，組成「進步黨」，以對抗國民黨；一面唆使武士英（即吳銘福）於 1913 年 3 月 20 日午後十時刺殺宋教仁於滬寧車站，延至 22 日逝世[22]。以上所述係民初政黨活動之經緯。

　　關於民國初期中國政黨之演化情形，李劍農先生繪圖如下[23]：

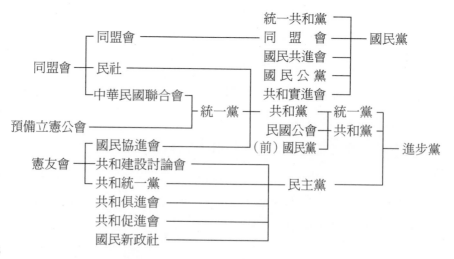

21. 見李劍農著：前揭書，下冊，頁 366。並見楊幼炯著：前揭書，頁 60。
22. 見李劍農著：前揭書，下冊，頁 384。

在民初（元年及二年），中國政黨極為蓬勃發展而分合不定之際，孫中山先生所發表的許多有關政黨問題的演講，是我們研究他的民主政黨思想時所必須重視的。因閱讀其苦口婆心提倡政黨政治之遺言，乃深覺孫中山先生實不愧為一位超黨派的偉大思想家和革命建國的導師。他為了避免國內戰爭之延長，而導致生靈塗炭之苦，故希望效法西方議會政治之體制，實行政黨政治，共謀建設國家。「蓋以為但使國無大故，則社會進步，亦足以間接使政治基礎臻於完固。如此，則民國之建設雖稍遲滯，猶無礙也。」[24] 是以，在清帝退位，袁世凱宣布絕對贊同「共和主義」之後，不惜推薦袁世凱為臨時大總統，而自甘退為在野黨地位，用以監督政府施政，這種公忠體國的高貴精神和開闊的胸襟，幾人能具有之？

關於孫中山先生這種維護共和的精神表現，吾人可以舉證如下：1912 年 1 月 15 日覆伍廷芳電文曰：

> 「如清帝實行退位，宣布共和，則臨時政府決不食言。文即可正式宣布解職，以功可能，首推袁氏。」[25]

同年 1 月 20 日又致伍廷芳轉告唐紹儀電重申：

> 「袁可對外發表政見，服從共和，以為被舉之地，臨時政府不容有兩，以避競爭，今清帝退位後，民國

23.見同上，頁 376。

24.見《國父全書》，頁 1046，1923 年 1 月 29 日《中國革命史》之 5「討袁之役」。

25.見《國父全書》，頁 451，1912 年 1 月 15 日「覆伍廷芳如清帝退位可推袁世凱為總統電」。

政府當然統一。袁可被舉為實任大總統，不必用臨時字樣，此始得民國鞏固，南北一致。」[26]

又於 1912 年 1 月 22 日致伍廷芳暨各報館電文曰：

> 「前電言清帝退位，臨時大總統，即日辭職，意以袁能與滿洲政府斷絕一切關係，變為民國國民，故許以即時舉袁。……今確定辦法如下：

> 一、清帝退位，由袁同時知照駐京各國公使，電知民國政府，現在清帝已經退位，或轉飭駐滬領事轉達亦可。

> 二、同時袁須宣布政見，絕對贊同共和主義。

> 三、文接到外交團或領事團通知清帝退位布告後，即行辭職。

> 四、由參議院舉袁為臨時總統。（作者按孫意袁可被舉為實任）

> 五、袁被舉為臨時總統後，誓守參議院所定之憲法，乃能接受事權。」[27]

孫中山先生並在電文中強調一二兩條「為最後解決辦法」否則「戰爭復起，天下流血，其罪當有所歸。」[28]由此可見，孫

---

26. 見《國父全書》，頁 453，1912 年 1 月 20 日「覆伍廷芳轉告唐紹儀民國可舉袁世凱為實任大總統電」。
27. 見《國父全書》，頁 454，1912 年 1 月 22 日「致伍廷芳暨各報館轉告袁世凱議和最後解決辦法電」。
28. 見同上。

中山先生志不在名位，而在建立一個名實相符的民治和法治的政府。及袁氏宣布贊同共和，而孫中山這個初衷，有些革命黨人並不完全理解。我們又可舉他 1912 年 2 月 21 日，致陳炯明暨廣東各法團電文以證之曰：

「因推舉袁君為第二臨時總統，紛接來電相爭，其間頗多誤會，恕不能縷縷見復，謹括舉其要以相答：諸君盡其心力，與各省同志左右挈提，覆滿清而建民國，今目的已達，以此完全民國，歸諸全體四百兆人之手，我輩之義務告盡，而權利則享自由人權而已，其他非所問也。至於服務之行政團，若總統者；皆我自由國民所舉用之公僕，當其才者則選焉。袁君之性情，不苟於然諾，當其未以廢君為可也，則持之；及其既以共和為當也，則堅之。其諾甚濡，其言彌信。彼之布告天下萬世，有云不使君主政體再發生於民國。屢次來電，自承為民國一公民，不受亡清之委任。於既被選舉之日，猶僅任維持北方秩序，亦可謂能知大義者矣。至彼之委曲求全，予亡清以優待，亦隱消同氣之戰爭，功罪弗居，心迹自顯。前日之袁君為世界之一人，今日之袁君為民國之分子。量才而選，彼獨賢勞，正我國民所當慰勉道歉，責之以盡瘁，受之以熱誠者。總統既非酬庸之具，袁君即為任勞之人，宜敬觀其從容敷施，以行國民之意，使民國之根基，由臨時盡力維持而完固焉。公等其鑒文之微

忱也。」[29]

孫中山先生為使部分黨人免於誤會，在此電文中，詳述當袁氏「自承為民國一公民，不受亡清之委任」時，毅然決然放棄「臨時大總統」職位之理由，並充分顯示對袁世凱之信任和期望。迨至袁氏接受條件，贊成共和之後，孫中山先生果然自行解職，而向參議院行文表示請為民國前途計改選「袁世凱君」為總統[30]。並通告解職令曰：

> 「……本總統受任以來，慄慄危懼，深恐弗克負荷，有負付託；賴國人之力，南北一家，共和確定，本總統藉此卸責，得以退逸之身，享自由之福，私心自慶，無以逾此。所願吾百僚執事，公忠體國，勿以私見害大局；吾海陸軍士，謹守秩序，勿以共和昧服從，吾五大族人民親愛團結，日益鞏固，奮發有為，宣揚國光，俾吾艱難締造之民國，與天地共立於不敝。本總統雖無似，得以公民資格勉從國人之後，為幸多矣。」[31]

這種公而無私，成功不必在我的高貴人格，在西方吾人直以義大利建國三傑之一的加里波第及美國首任總統華盛頓能當之無愧！

29.見《國父全書》，頁464，1912年2月21日「致陳炯明暨廣東各法團解釋推袁世凱為大總統電」。
30.見《國父全書》，頁476-477，1912年3月「推薦袁世凱文」。
31.見《國父全書》，頁477，1912年3月「通告解職令文」。

　　至此，孫中山先生自 1912 年正月 1 日在南京擔任中華民國第一任臨時大總統起，至同年 4 月 1 日到參議院宣布解職之日止，為期正好三個月。然而，吾人須知，孫中山先生並非宣告「自此功成身退」不問國事，而是認為「解職之後，即為中華民國之一國民，政府不過一極小之機關，其力量不過國民極小之一部分，大部分之力量，仍在吾國民。……實欲以中華民國國民之地位，與四萬萬國民協力造成中華民國之鞏固基礎，以冀世界之和平，……從今而後，使中華民國得為文明之進步，使世界舞臺，得享和平之幸福。……」[32]故「欲率同志為純粹在野黨，專從事擴張教育，振興實業，以利民國國家百年根本大計。」[33]孫中山先生雄才大略、心懷邦國之情操，於此可見！

　　1913 年，孫中山先生當國會選舉而國民黨獲得多數勝利時，又在《國民月刊》出世辭告知國民黨人曰：

　　　　「建設難而破壞易。……今吾黨既以鞏固中華民國，圖謀民生幸福為務，則所欲鞏固者，與圖謀者，皆永遠之業，非一時之事也。外瞻世界之大勢，內察本國之利弊，以日新又日新之精神，圖民生之幸福，吾黨而永遠以公理為目的，則自得國民永遠之贊同。非然者，雖今日成功，後日亦必失敗。」[34]又曰：

---

32. 見《國父全書》，頁 477，1912 年 4 月 1 日「在參議院解職詞」。
33. 見《國父全書》，頁 26，《孫文學說》第 6 章附錄：「陳英士致黃克強書」。
34. 見《國父全書》，頁 576，1913 年「國民月刊出世辭」。

「今日，國會將開，吾人所懷抱之政策，將以正式國會為發表之機會。夫中華民國一切建設之大業，其根本問題，皆國會之職務。而國民黨在國會所負之責更大焉。以進步思想，樂觀精神，準公理，據政綱，以達鞏固中華民國圖謀民生幸福之目的，當然為吾黨之責，願與吾黨人士共勉之。」[35]

由這些話，是可見，誠如蕭公權先生所言：「在民國初建的幾年當中，國民黨在孫先生領導之下，大體上以普通歐美式的政黨自居。」[36]而孫中山先生當時實亦希望能實行歐美式的議會政治，以團結國人建設自由民主之國家，已可斷言！

第二項　恢復革命時期

然而，民初政局的混亂，使孫中山先生對政黨政治頗感灰心。請先略述民初政情。

袁氏既任大總統，依據臨時約法，政府改為責任內閣制，總統對內閣總理之任命須得參議院之同意。孫中山先生推薦唐紹儀為內閣總理人選，袁氏亦認為合適，乃於 1912 年 3 月 10 日提經參議院同意任命。同月 25 日，唐氏抵南京。29 日至參議院發表政見，並提出各部總長人選徵求同意。4 月 1 日臨時大總統孫中山先生通告解職。4 月 5 日參議院決議臨時

---

35. 見同上，頁 577。
36. 見蕭公權著：《迹園文存》（臺北：環宇出版社，1970 年 11 月 29 日初版）頁 337「中國政黨的過去與將來」。

政府移設北京，而南京臨時政府告終[37]。唐內閣之中，農林、司法、教育、工商四部為同盟會員，內務、陸軍、海軍三部為袁黨，財政部為共和黨。名為責任內閣，實權仍操諸袁黨。

臨時政府北遷之後，唐氏頗欲建設一個理想的政府，因唐氏在南京曾經蔡元培、黃興等人之力勸正式宣誓加入同盟會[38]，故有同盟會內閣之稱。可是，這個由各黨派組成的「聯合內閣」（Coalition Cabinet）閣員，各懷異志，「自開國務會議以來，內務總長趙秉鈞迄未出席，財政總長熊希齡自統一黨合併為共和黨後，在國務會議中，處處對同盟會採取敵視態度。加以袁系各總長均同情於熊氏；以故共和黨閣員雖僅一人，而在國務院中足以與同盟會相抗衡。同盟會主張劃清總統與國務院權限；共和黨則欲事事秉命於總統。同盟會主張國務院為一致之行政組織；共和黨則思國務員為單獨之行動。……因之雙方衝突乃日趨劇烈。」[39]是欲其發揮同舟共濟精神，實勢所難能。「至於其他閣員，海軍總長劉冠雄，自6月以後即藉口營建私宅，不到部視事。交通總長施肇基，則因赴天津療疾，久未參加國務會議。」[40]故唐內閣早已呈現杌隉不安現象，總理唐紹儀於6月15日辭職；同盟會閣員蔡元培、王寵惠、宋教仁、王正廷亦相率辭職，以表示內閣制之精神。「於是同盟會之反對黨乘機活動，6月25日章炳麟

37.李守孔著：《民初之國會》（臺北：中國學術著作獎助委員會，1964年10月初版）頁43。
38.同上，頁47。
39.同上，頁47-48。
40.同上，頁48。

所領導之統一黨，通電誣衊唐紹儀監守自盜，避責潛逃。謗毀宋教仁、蔡元培等結黨把持，意圖搆亂。而國家從此多事矣。」[41]

6月24日共和黨魁臨時副總統兼湖北都督黎元洪，致電臨時大總統袁世凱及各省都督，建議由非黨人士外交總長陸徵祥出組內閣。袁氏亦以陸氏溫順可用，於各黨派超然無所屬，乃於同月29日咨請參議院同意[42]。而其組織內閣完全承受袁氏之意旨，自在意中。7月19日陸氏初蒞參議院發布政見時，全體議員肅然起敬，以為陸氏對國家大政必有其遠大之計畫，豈料陸氏登壇後，用「開菜單，做生日」等語比喻國家設施，始終未涉及大政方針。於是議論譁然，翌日所提六國務員，遂以不信任陸氏之結果而一律遭受參議院否決。後來經袁世凱之疏通，各議員態度才轉變。7月26日陸氏再提出之閣員，除工商總長蔣作賓外皆獲通過，改提出劉揆一為工商總長，亦經通過。惟六閣員之通過實為武力要脅之結果，非參議院之本意；故27日復有彈劾陸氏失職案。陸氏竟因之稱病不理政務，達兩個月之久，袁氏遂以內務總長趙秉鈞代理其總理職務[43]。

迨至1912年9月趙秉鈞繼任閣揆，國民黨以實行「政黨內閣」各總長一律加入國民黨為條件，而予以同意[44]。但「趙

41.同上，頁50。
42.同上，頁53。
43.同上，頁54-59。
44.楊幼炯著：《中國政黨史》（臺北：臺灣商務印書館，1969年3月二版）頁64。

秉鈞及其多數閣員既為袁世凱之私黨，其所以加入國民黨無非偵伺國民黨之虛實；故組閣之後，竟移國務會議於總統府，由袁氏所主持。國務院形式上雖有會議，然僅裁決較為微細之事務，此亦民初政界之奇特現象也。」[45]。

可見，在這段期間，政府所以發生不穩定之主要原因，實由於國民黨熱望組成國民黨內閣；而袁氏則想造成袁派內閣，不甘充為「虛位元首」地位之故。雙方均想掌握內閣實權，以圖發展，但卻又都沒有民眾擁護的力量[46]。惟一部分國民黨人，不能體仰孫中山精神[47]，有如「陳英士致黃克強書」中所言，因以為空涉理想而反對盡讓政權於袁氏，「且時有干涉政府用人行政之態度。卒至朝野冰炭，政黨水火，既惹袁氏之忌，更起天下之疑，而中山先生謀國之苦衷，經世之碩畫，轉不能表白於天下，而一收其效，有負於中山先生者。」[48]亦不能諉其過失。

此時之國民黨也，「自形式上言之，範圍日見擴張，勢力固臻膨脹；而自精神上言之，面目全非，分子複雜，薰蕕同體，良莠不齊。腐敗官僚既朝秦而暮楚，齷齪敗類更覆雨

45. 李守孔著：《民初之國會》（前揭），頁70。
46. 李劍農著：《中國近百年政治史》（臺北：臺灣商務印書館，1965年10月四版）下冊頁372。
47. 見《國父全書》，頁26，《孫文學說》第6章附錄：「陳英士致黃克強書」，其中有言：「其後中山先生退職矣。欲率同志為純粹在野黨，專從事擴張教育，振興實業，以立民國國家百年根本大計，而盡讓政權於袁氏。」吾人認為中山先生此時是想實行民主國家的「政黨政治」的！而由此亦足見，中山先生革命意志全在救國家，而無私人名利之心。故曰「孫中山精神」。
48. 見同上。

而翻雲，發言盈庭，誰執其咎？操戈同室，人則何尤？」[49]是以，黨紀蕩然，無以復加，更不必說什麼「革命精神」了。吾人認為這也許是孫中山先生後來不得不重組「中華革命黨」的苦衷之一！

至此，袁世凱遂以卑鄙手段謀刺宋教仁，且利用威逼利誘政策[50]，離間國民黨，使之分裂瓦解為五個小政團，即①相友會、②政友會、③癸丑同志會、④集益會、⑤超然社。因之國民黨黨勢日衰，此時的國會重心反而移到親袁的進步黨了[51]。

孫中山先生鑑於宋教仁被刺案真相的暴露，對袁世凱已失去信心，「認定新中國建設的重任，決不可託諸袁，而倒袁又決非法律口舌所能奏功」，乃「一點不游移的主張立即興兵討袁。」[52]可是，當時國民黨內部意見極不一致，狀況非常混亂，穩健派主張依據法律，以掣袁氏之肘，於憲法起草委員會，求占多數，造成本黨理想之憲法以束縛之，故陸續南下為舉兵之準備的國民黨員僅餘一百五十名[53]。而袁氏則因有進步黨之袒護及帝國主義之借款，其勢益壯。袁氏曾令梁士詒等人至面前告之曰：

---

49. 見同上，頁 27。
50. 李劍農著：前揭書，下冊頁 401 及 389。據李氏言：「對於宋教仁，袁也曾用過金錢毒殺政策，但宋不肯受他的金錢——宋在北京時，袁以某銀行支票簿遺宋，令宋自由支用，宋略支少許表示謝意後，即以原簿還之，——此為宋致死的重要原因。」
51. 李劍農著：前揭書，下冊頁 401。
52. 見同上，頁 392。
53. 見楊幼炯著：《中國政黨史》（前揭）頁 70。

「可告國民黨人云，我現已決心。孫黃等無非意在搗亂，我決不能以受四萬萬人財產生命付託之重而聽人搗亂者，彼等皆謂我爭總統，其實若有相當之人，我亦願讓。但自信政治經驗、軍事閱歷、外交信用，頗不讓人。則國民付託之重我亦未敢妄自推諉，彼等若有能力另組政府者，我即有能力毀除之。」[54]

其言咄咄逼人，隨之於 1913 年 6 月相繼免除李烈鈞、胡漢民、柏文蔚等人的都督之職，並派兵南下。江西李烈鈞的討袁軍於同年 7 月 12 日在湖口起兵，黃興亦入南京迫江蘇都督程德全宣布討袁，「贛寧之役」的戰火因而燃燒起來。但因發動過遲及形勢對討袁軍不利，二次革命終致失敗[55]。此時孫中山先生心情極為惡劣！見「國內同志，死亡枕藉，困苦流離，而愛國深憂，天日可矢。一種凌厲無前之氣，磅礴積鬱，不可磨滅。」[56]

1913 年 10 月 6 日，國會在袁氏「公民團」[57]武力威嚇之下，選出袁世凱為中華民國第一任大總統，自此，袁氏益積極發展其獨裁政治作風。11 月 4 日袁氏下令解散國民黨，追

---

54. 見李劍農著：前揭書，下冊 395-396。
55. 見同上，頁 396 及 400，李先生認為依當時的所謂「民心」觀察，討袁軍是萬難制勝的。當時的人心，一般說是「厭亂」。
56. 見《國父全書》，頁 596，1915 年「派陳其美等八人南下籌餉並協辦黨務致南洋同志函」。
57. 參閱楊幼炯著：前揭書，頁 75-76。有自稱「公民團」者數萬人，整齊嚴肅如軍伍包圍眾議院選舉場數十匝，迫即日選出袁氏為總統，否則不令議員出門一步。議員不得不忍餓終日，以行選舉。直至袁氏當選之聲傳出，各公民乃高呼大總統萬歲，振旅而退，……

繳國民黨的國會議員證書徽章，先後達四百三十八人[58]。國民黨自 1912 年 8 月成立迄至被解散不過一年三個月。繼之，袁氏復於 1914 年 1 月 10 日下令停止國會議員職務，同年 5 月頒布新約法，成為獨裁元首，同年 12 月公布修正大總統選舉法，任期改為十年，連任亦無限制，乃成為終身總統。而攀權附勢者流，且倡君主立憲主義為其自導自演帝制開路。1915 年 10 月 8 日公布「國民代表大會組織法」，經由「國民代表大會」無一票反對而決定把國體改為君主立憲。各省代表會一律使用下列「推戴書」曰：

> 「謹以國民公意恭戴今大總統袁世凱為中華帝國皇帝，並以國家最上完全主權奉之於皇帝，承天建極，傳之萬世。」[59]

袁世凱妄想稱帝的這幕劇，引起全國之反對，而孫中山先生亦決心除奸；他當時感慨萬千曰：

> 「嗟夫！以先烈無量之頭顱，無量之熱血，所獲得之共和兩字空名，行將歸於消滅，是可忍，孰不可忍？深恐國體變更，國運亦隨之而斬矣。此正吾人振作奮發，急起直追，起兵除奸，捨身救國之秋也。」[60]

二次革命失敗後，孫中山先生經臺灣前往日本東京，此

58.見李劍農著：前揭書，頁 408。
59.同上，頁 426。
60.同註 56。

時他對於當初擬藉「政黨政治」徐圖建國的的想法，已經徹底覺悟不可能成功。他說：

> 「政黨之目的，凡國事均欲在政治解決，今起視神州赤縣，四郊多壘，生黎塗炭，鋤法易制，非驢非馬，繼此以往，其能臻完全之法制乎？文覩此現象，殊失初衷……」[61]

他且早知袁氏必將帝制自為，復鑑於國民黨被袁氏解散，二十年來之革命精神，與革命團體將一蹶而不振，乃力主急進，謀恢復辛亥以前之革命精神與組織，「務以武力削彼暴政」[62]，求根本上推翻袁氏的專制統治，要以「革命政治」來建設多難的國家。故從宋案發生以後到1919年成立中國國民黨為止，可稱為「恢復革命時期」。

中山先生看到國內形勢險惡，黨內同志在創痛鉅深之餘，也不免趨向消極。他分析討袁軍失敗的原因，認為以前國民黨的紀律太鬆弛，不能堅固團結，不能服從領袖的指導。他認為當時艱險的任務，不是普通政黨可以擔任得起的，因此必須把黨徹底改組，重新挑選忠貞幹部，嚴格執行黨的紀律，以從事討袁復國工作[63]。乃於1914年6月，在日本重組「中華革命黨」，當選為總理，於7月8日開成立大會時，

---

61. 見《國父全書》，頁590，1914年12月30日「國民黨改組為中華革命黨致壩羅同志函」。
62. 同上。
63. 羅家倫著：《六十年來之中國國民黨與中國》（臺北：中國國民黨中央委員會第4組黨史史料編纂委員會，1954年11月出版）頁19。

當眾宣誓，並公布《中華革命黨總章》，通告海內外同志，一律改組為中華革命黨，成為祕密的革命團體，而非普通政黨性質。寄望黨員「協力同心，共圖三次革命，迄於革命成功，憲法頒布，國基確定時，均由吾黨員完全負責」[64]，而總章第四條也規定：「自革命起義之日至憲法頒布之日，總名曰革命時期。在此期內，一切軍國庶政，悉由本黨負完全責任。」[65]這可以說是本於孫中山先生「在革命期內需要一黨專政」的信念而定的。從此以後，孫中山先生又舉起了革命的義旗！雖袁氏已於 1916 年 6 月 5 日死亡，「而袁氏所遺留之制度，不隨以俱死，則民國之變亂，正無已時」[66]。

1916 年 6 月 9 日，孫中山先生曾發布規復民元約法宣言，而段祺瑞則以 1914 年 5 月 1 日公布的袁氏約法為正統，故有新舊約法之爭。袁死不到一年，「而毀棄約法，解散國會（1917 年 6 月）之禍再發，馴至廢帝（宣統）復辟，民國不絕如縷。復辟之變，雖旬餘而定，而毀法之變，則愈演愈烈。」[67]孫中山先生於 1917 年秋「乃不得不以護法號召天下」南去廣州開「非常國會」，當時被舉為大元帥，「奮然以一身荷護法之大任而不少撓」[68]。可知中國政局並未因袁之死而安定下來，隨之而起的是軍閥混戰的慘烈局面，人民苦難加

64.《國父全書》，頁 579，1914 年 9 月 1 日「中華革命黨宣言」。

65.崔書琴著：《孫中山與共產主義》（香港：亞洲出版社，1956 年 3 月三版）頁 123。

66.見《國父全書》，頁 1046，1923 年 1 月 29 日《中國革命史》之 6「護法之役」。

67.同上。

68.同上，頁 1047。

深，尤甚於清季。建國目標既未達成，孫中山先生只好仍以「中華革命黨」之組織繼續進行其革命建國工作。

第三項　成立中國國民黨時期

中華革命黨自 1914 年成立以來，本部設於日本東京，至袁死乃移返上海，1917 年，孫中山先生南下護法時，本部仍設上海，只有財政部設在廣州，由廖仲愷辦理。1918 年廣州軍政府完全為桂系軍閥陸榮廷和政學系所把持，所謂「護法」已失去意義。此時孫中山先生受排擠，乃辭大元帥職，自廣州回上海，一面親自主持國民黨本部一切黨務，一面寫作建國方略。

至於北京政府，自復辟事變平定後，由馮國璋繼黎元洪為總統（袁死黎元洪繼任）。1918 年 9 月馮氏任期屆滿，在安福系挾持下的國會選出徐世昌為總統[69]。此時的北京政府企圖與南方廣州陸系軍政府和談，1919 年 1 月雙方派代表在上海舉行「和平會議」，但因彼此各有所圖，至 2 月底仍談不出結果而告停頓。當時孫中山先生曾發表〈護法宣言〉曰：

> 「……至今和議不成者，罪在不求之於國家組織之根本，而求之於個人權利之關係。須知國內紛爭皆由大法不立。在法律，國會本不能解散。若不使國會復得完全自由行使其職權，則法律已失其力。根本先搖，枝葉何由救正？內亂何由永絕？況國家以外患而

69.袁世凱於 1913 年 10 月就任正式總統，法定期限五年，袁死黎元洪繼任，黎去職馮國璋繼任，到 1918 年 10 月適滿法定期限。

致艱危，一切有損主權危及國脈之條約，其訂立本未經國會之同意，故亦惟復國會完全自由行使職權，始能解除之。……國民對我主張，多數讚許，乃不幸議和數月，竟無結果。今雖日言續議，理固無由可成，抑且外法律以言和平，其和平豈能永久，外患又何由可息哉？今日言和平救國之法，惟有恢復國會完全自由行使職權一途。」[70]

　　到了4月間，因各方面的調停，和議再開，但仍無結果。此際正是南北軍閥勢力紛起之時，且1918、1919年適為中國新文化運動勃興，此後社會出現許多刊物，如刊行於北京的《新潮月刊》、《每週評論》、《努力週刊》；刊行於上海的《解放與改造》（與進步黨人有關）、《建設月刊》、《星期評論》（為國民黨言論機關）；刊行於廣州的《嚮導週刊》（鼓吹共產主義的言論機關）、及1922年刊行於上海的《改造》（其中亦有鼓吹共產主義的）。這可以說是受了社會思潮變化的影響。而實際的社會運動，最惹人注意的事件是1919年的「五四運動」，這個運動由北京學生團體數千人的外交示威運動，發展到全國學校罷課，商民罷市，演變到全國各省市都有學生聯合會，而且成立了一個全國學生聯合總會。李劍農先生說：

　　　　「我敢大膽的說一句——此時候已經有了長久歷史

70.見《國父全書》，頁582，1919年5月「護法宣言」。

的國民黨的組織和黨員間的聯絡指揮，恐怕還不如這個新成立的全國學生聯合會組織的完密，運用的活潑靈敏。後來共產黨和國民黨在軍閥勢力壓迫下面的各省，大概是靠著學生聯合會作宣傳主義吸收青年黨員的大本營。……」[71]

可見五四運動對中國社會所掀起的浪潮有多大；所造成的影響力有多麼深遠！面對著這個新情勢，孫中山先生乃於1919年10月10日正式通告將「中華革命黨」改名為「中國國民黨」，增加「中國」二字，以別於 1912 年的「國民黨」，而這個名稱沿用迄今。然則，何以要改名稱呢？據鄒魯先生說：

「因為自1914年在東京成立中華革命黨之後，數年以來，海外各地的黨部，因居留地政府立案關係，不便改名稱，對外仍然用著國民黨的名義；國內方面，則有許多原日國民黨同志數年來繼續在本黨旗幟之下奮鬥；是國外有名實不符之病，國內有實至而名未歸之嫌。為著彌補這種缺陷，故有更改名稱的決定。」[72]

而傅啟學教授認為在帝制推翻，袁世凱死，曾通令海內外各支分部、交通部，一律恢復國民黨名義。1918年8月30日，孫中山通告海外同志，「重訂黨章，以促黨務之發達。」但

---

71. 李劍農著：《中國近百年政治史》（前揭）下冊頁 606-607。
72. 鄒魯著：《中國國民黨史略》（臺北：臺灣商務印書館，1965 年 10 月二版）頁 100。

重訂黨章，未能覓得。由緬甸支部 1919 年 3 月 10 日之通告，當時本黨之名義，係稱「中華國民黨」。但新加坡支部 1918 年 5 月 2 日所發函件，仍用「中華革命黨新加坡支部」名義，可知 1919 年 10 月 10 日以前，本黨各地名義並未完全統一。10 月 10 日公布規約後，名稱始歸一致[73]。則更改名稱係為了國內外組織之統一，是無可置疑的。

傅教授並且認為孫中山先生將「中華革命黨」改組為「中國國民黨」，是與五四運動有關的，他在「中山先生人性論與革命方略」手稿中說：

> 「一般人多是不知不覺的，而有知識的人，意見不能齊一，步驟不能相同，必須結合意見相同的志士仁人，始能厚植群力，共圖改革。……中國以主義號召，組織政黨的，首推中山先生。……1919 年五四運動發生，先生為結合五四運動的有志青年，10 月 10 日將中華革命黨改組為中國國民黨。……」[74]

吾人翻閱《國父全書》，發現 1919 年以後，孫中山先生曾到處向青年學生知識分子發表演講，以為號召，可以證明此說是正確的！

又傅教授認為 10 月 10 日之「通告所稱時勢變遷有下列三點：

---

[73] 傅啟學著：《國父孫中山先生傳》（臺北：中央文物供應社發行，1935 年 11 月 12 日出版）頁 441。

[74] 傅啟學著：《中山先生人性論與革命方略》（手稿，尚未發表）頁 22。

一、五四運動係愛國運動，同時係政治運動，當時青年環顧國中，有理想有政策之領袖，僅有孫中山先生一人，多願追隨孫中山，以謀改造中國。故本黨有公開組織，容納愛國青年之必要。

二、當時與本黨敵對之政黨，即由保皇黨、進步黨演變而成之研究系，因1918年北京安福國會成立時，遭受段派之打擊，日漸式微；研究系領袖梁啟超憤而出國，宣稱不再過問政治。本黨三十年之政敵銷聲匿跡，正係本黨發展最好機會。

三、過去未參加中華革命黨之汪精衛、李烈鈞等，均在本黨旗幟下奮鬥；甚至過去反對孫中山先生，組織統一黨之章太炎，與各方接觸後，始知孫中山先生之偉大，轉而追隨孫中山先生。

有上述三種情形，時勢變遷，實為本黨改名之原因。」[75]

由此可證，孫中山先生立黨革命，是隨著時勢而變更策略的！惟當時之「中國國民黨」在性質上也不同於民初之「國民黨」，蓋民初之「國民黨」係由五個政團所合併而成，今之「中國國民黨」則由重組之「中華革命黨」所遞嬗而來，除原「中華革命黨」黨員之外，入黨者必須宣誓加盟。孫中山先生說：

「諸君第一要明白中國國民黨不是政黨，是一種純粹的革命黨！當民國二年國民黨被解散的時候，我們

75.傅啟學著：《國父孫中山先生傳》（前揭）頁441-442。

同志出亡海外，便在海外集合同志，組織中華革命黨，繼續來革命。所以今日這個中國國民黨，實在就是中華革命黨。無論名目上是有什麼變更，實質上總是一樣的。」[76]

總之，「中華革命黨」更改名稱為「中國國民黨」之意義，就是要以統一名稱來統一黨的組織和統一黨的力量。[77]

中國國民黨設總理一人，綜攬黨務，其下另設總務、黨務、財政三部，各置主任一人，其他各部於必要時得增加之，秉承總理指示辦理黨務。1921 年 6 月，孫中山先生在廣州中國國民黨特設辦事處演講〈三民主義之具體辦法〉時說：「必要等到共和政治徹底做到，民國的基礎十分鞏固，那才算是本黨的革命大告成功！」[78]顯然，他是決心以中國國民黨為革命建國的工具。因之，此後他不斷地在各地向黨政軍學各界知識分子發表許多有關三民主義之救國理論，及政黨問題的演講。惟此後演講重心，似乎在強調黨的組織與宣傳的重要性，並檢討過去失敗之原因；而與民初所發表的政黨理論已大異其趣矣！

1921 年 9 月底，肅清桂系軍閥勢力，收復廣西，並即籌畫北伐。當 1922 年李烈鈞、許崇智分路出兵北伐，在江西、湖南前線，節節勝利之際，陳炯明竟甘心和北洋軍閥相勾結，

---

76. 《國父全書》，頁 889，1921 年 6 月在廣州中國國民黨特設辦事處演講「三民主義之具體辦法」。
77. 鄒魯著：前揭書，頁 100。
78. 同註 76。

作出忘恩負義，謀害中山先生的背黨叛國行為，嗾使部下葉舉、洪兆麟等，於6月16日凌晨三時乘機實行叛變，砲擊總統府。中山先生在叛軍環攻之下，冒險登省河永豐艦，率海軍討賊。幸而蔣中正在上海聞訊，星夜赴廣州、登艦襄助討賊，誓與同生死，共患難，乃得脫險。中山先生在軍艦上堅持五十多天，因前線北伐軍交通阻隔，無法回援，乃於8月9日下午三時乘摩漢號砲艦赴香港，轉乘俄國皇后號郵船，於8月14日安抵上海[79]。15日宣布陳炯明叛變宣言，其中有言曰：

> 「……此次兵變，文實不知其所由起。……文夙以陳炯明久附同志，願為國事馳驅，故以軍事全權付託。今者甘心作亂，縱兵殃民，一至於此！文之任用非人，誠不能辭國人之責備者也。」[80]

又9月18日〈致本黨同志述陳變始末及今後方針書〉中說：

> 「文率同志為民國奮鬥，垂三十年，中間出死入生，失敗之數，不可縷指。顧失敗之慘酷，未有甚於此役者。蓋歷次失敗，雖原因不一，而其究竟則為失敗於敵人。此役則敵人已為我屈，所代敵人而興者，乃為十餘年卵翼之陳炯明，…此不但國之不幸，抑亦

---

79. 羅家倫著：前揭書，頁22。
   李守孔編著：《國民革命史》（臺北：中央文物供應社，1965年11月12日出版）頁322。
80. 《國父全書》，頁752，1922年8月15日「宣布粵變顛末表示統一意見宣言」。

人心世道之憂也。」[81]

當時的陳炯明猶為政府的陸軍總長，竟而倒戈相向，足見中山先生心中創痛之深！然則，此非黨務工作不健全之故耶？1923 年 11 月 25 日在廣州大本營演講〈國民黨過去失敗之原因與今後努力之途徑〉時說：

> 「吾黨欲求真正之成功，從今以後，不單獨專靠軍隊，要吾黨同志，各盡能力，努力奮鬥。而且今後吾黨同志的奮鬥，不要仍守著舊日人自為戰的奮鬥，要努力於有組織有系統有紀律的奮鬥。」[82]

是以，吾人認為，此一慘痛經驗，對中山先生之政黨思想，實發生重大之影響！蓋他已領會到革命要成功，單靠現成武力是不行的，因此有 1924 年的改組行動。

第三節　中國國民黨改組時期

1924 年中國國民黨之改組，為中國國民革命史上劃時代之大事。此後將黨的基礎建築在青年與民眾身上，黨的精神特別著重組織與訓練，黨的活動特別著重宣傳，用以結合人民心力。為培養革命武力，而有黃埔軍校之成立。於是國民黨人對主義的信仰益加堅定，全國知識青年團結起來了，革

---

81. 《國父全書》，頁 806，1922 年 9 月 18 日「致本黨同志述陳變始末及今後方針書」。
82. 《國父全書》，頁 938-939。

命陣容更加充實了。這是後來 1928 年之所以能實現孫中山先生肅清軍閥統一全國的宏願的一個主要關鍵。為明瞭這一時期中山先生政黨思想轉變的過程，吾人對當時的國內外情勢，須加以說明：

一、**國內方面**——自袁氏倒後，軍閥割據和混戰的局面，至 1923 年仍未消除，幾年的戰亂，愈使民不聊生，人民加深痛苦。而各方軍閥猶分途與帝國主義相互勾結，狼狽為奸，喪權辱國。一般知識青年，因經過五四運動的激盪，對於國家的危機息息關心；且接受世界科學與民主思潮的洗禮，遂變革命情緒為實行革命之迫切要求。大家對中山先生之學說開始認識並發生了信仰，對於他領導的革命團體——中國國民黨發生了強烈的向心力[83]。

至 1922 年，北方青年學生便大量加入國民黨，並在北京組織民治主義同志會，為國民黨祕密進行革命之機關。自二次革命失敗後沉寂已久的北方黨務，至是始得復活。是年秋，中山先生因陳炯明兵變蒙塵由粵返滬，各團體代表鵠立江岸，歡迎者達數千人[84]，而各地青年學生祕密來滬謁見者，絡繹不絕，其嚮往革命救國主義之熱忱，殊令人感動[85]。凡此種種現象，證明反抗外來侵略和打倒北京賣國政府，已成為全國民眾之一致要求。也證明中山先生革命救國主義，已廣為全國

83.羅家倫著：《六十年來之中國國民黨與中國》（臺北：中國國民黨中央委員會第 4 組黨史史科編纂委員會，1954 年 11 月出版）頁 24。
84.李守孔編著：《國民革命史》（臺北：中央文物供應社發行，1965 年 11 月 12 日出版）頁 322。
85.鄒魯著：《中國國民黨史略》（臺北：臺灣商務印書館，1965 年 10 月 2 版）頁 111。

民眾所接受[86]。此等事實，觸發了中山先生改組中國國民黨之動機。

1923 年 1 月 1 日，中國國民黨發表宣言，表明依據中山先生之三民主義五權憲法之原則，為建設國家之計畫的態度，並把所採用之政策公布，以為號召全國民眾。其宣言中曰：

> 「本黨　總理孫先生文，內審中國之情勢，外審世界之潮流，兼收眾長，益以新創，乃以三民主義為立國之本原，五權憲法為制度之綱領。俾民治臻於極軌，國基安於磐石，且以躋於有進而無退，一治而不復亂之域焉。」[87]

顯然，三民主義五權憲法對於久處亂世之中國民心，恰如久旱之甘霖，令人渴望而頗具吸引力。一般知識青年，確已體認到中山先生領導下的中國國民黨，是一個有主義、有理想、要救亡、要圖強的革命組織。是以，當 1923 年 2 月，討逆軍打敗陳炯明，克復廣州，中山先生自上海抵達廣州之際，全國學生聯合會特在廣州開會，公開接受中國國民黨的領導。他看到全國青年如此熱烈參加革命，是民族解放前途的一個好現象，不可不進一步將之納入黨的組織，加以黨的訓練，因而益堅信有改組黨務的必要[88]。

---

86. 同上。
87. 張其昀主編：《國父全書》（臺北：國防研究院發行，1966 年 1 月三版）頁 753「中國國民黨宣言」。
88. 鄒魯著：前揭書，頁 112。

二、國際方面——1917 年 3 月（俄曆 2 月），俄國發生革命，推翻俄皇尼古拉二世，克倫斯基領導革命黨組織政府，是為「二月革命」。到 11 月（俄曆 10 月）列寧又領導布爾雪維克黨（Bolshevik Party）再革命，推倒克倫斯基政府，重建蘇維埃政府，是為「十月革命」。列寧革命成功後，擬實行共產主義，公布土地法及勞動管理法，但行不通，只好在 1921 年改採「新經濟政策」，居然消除種種困難，使社會經濟日趨穩定，國運日趨隆盛，這給世界人士投以驚異之眼光。而這種所謂「新經濟政策」，其實是中山先生的民生主義之辦法[89]。

此外，中山先生自 1905 年創立同盟會時，即以確定革命建國進行之程序，為軍政、訓政、憲政三個時期，並明定「以黨建國」；而這種「以黨建國」之辦法，竟為俄國列寧用以建立蘇俄。然則，何以俄國革命成功而中國革命失敗呢？其原因實由於中國國民黨的組織未臻健全，和黨員未能切實執行黨的主義和政策之故[90]。

中山先生目睹此一事實，至感欣慰而且神往，所以遠在 1918 年蘇俄正受各國歧視而孤立無援之時，首先致電祝賀其成功，列寧得電，視為東方之光明，大為感動，於 1921 年便派專使馬林來華，謁中山先生於廣西桂林。12 月 1 日又派越飛謁中山先生於上海，對中國革命表示同情，並曾共同發表一篇有名的宣言[91]。後來中山先生派蔣中正赴俄考察黨軍制

89.同上。
90.同上。
91.同上，頁 113。即 1923 年 1 月 26 日「為中俄關係與越飛聯合宣言」。

度。1923 年 11 月中國國民黨改組宣言發表後，蘇俄又派共黨第三國際代表鮑羅廷到廣州，擔任顧問。顯然，俄國革命之成功給予中山先生及國民黨人以很深刻的刺激和影響。而國民黨「聯俄容共」之政策便是這時候決定的。這種國際間的種種客觀事實，也是促成中國國民黨的改組的因素。但是，當時「聯俄容共」是政略上的運用，並不是革命主義的改變[92]，容後說明。

中國國民黨正式改組前之背景既如上述，至於其改組之經過如何呢？早在 1922 年 9 月 4 日，中山先生自粵蒙塵返滬後，即召集在上海的各省同志張繼等五十三人，交換改組意見，大家一致贊同，同月 6 日指定丁惟汾等九人為起草委員。11 月 15 日復召集張繼等五十九人審查全案，加以修訂。旋任胡漢民、汪精衛為宣言起草委員，宣言稿於同月 18 日經中山先生作最後核定，於 1923 年 1 月 1 日發表。但是，這個宣言，尚未提及改組之事，而著重於宣傳黨的主義和政策。1 月 2 日召集黨員舉行改進大會，宣布黨綱及總章，總章通過後，即在改進大會上以「黨務進行當以宣傳為重」為題，發表演講[93]，強調黨務宣傳工作之重要性，認為「宣傳這種武器比軍隊還強」[94]。

迨陳炯明被驅出廣州，中山先生於 1923 年 2 月返粵。同年 10 月 25 日，委鄧澤如、林森、廖仲愷、譚平山、陳樹人、

92.羅家倫著：前揭書，頁 24-25。
93.李守孔編著：前揭書，頁 332-333。
94.張其昀主編：《國父全書》，頁 919。

孫科、許崇清、謝英伯、楊庶堪等九人為臨時中央執行委員，馮自由等五人為候補執行委員，以為徹底改組之籌備工作[95]。11月發布改組宣言曰：

> 「竊以中國今日政治不修，經濟破產，瓦解土崩之勢已兆，貧困剝削之病已深。欲起沉痾，必賴乎有主義有組織有訓練之政治團體，本其歷史之使命，使民眾之熱望，為之指導奮鬥，而達其所抱政治上之目的。……國中政黨，言之可羞，暮楚朝秦，宗旨靡定，權利是獵，臣妾可為，凡此派流，不足齒數。而吾黨本其三民主義而奮鬥者，歷有年所，中間雖迭更稱號，然宗旨主義，未嘗或離。顧其所以久而不能成功者，則以組織未備，訓練未周之故。……吾黨有見於此，本其自知之明，自決之勇，發為改組之宣言，以示其必要。」[96]

是已將改組之旨趣作一具體之說明，而為1924年大改組之先聲。從此，組織市黨部，區黨部及區分部，嚴密黨員登記，統一宣傳機構，籌辦黨報，發展學校黨務，指導海內外大會代表之選舉，慰勞前方將士，革命陣容為之一變[97]，而軍中組織方法，則「以俄國為模範，企圖根本的革命成功，改用黨員協同軍隊來奮鬥」[98]，這是軍中有黨代表的由來。

---

95. 李守孔編著：前揭書，頁334。
96. 見《國父全書》，頁757。
97. 李守孔編著：前揭書，頁334。
98. 見《國父全書》，頁944，1923年12月9日在廣州大本營演講「軍隊戰勝與黨員奮鬥」。

1924 年 1 月 20 日上午九時，中國國民黨舉行第一次全國代表大會於廣州的廣東高等師範學校[99]，中山先生在會上致開會詞說：

> 「此次國民黨改組，有兩件事：第一件是改組國民黨，要把國民黨再來組織成一個有力量有具體的政黨；第二件就是用政黨的力量去改造國家。」[100]

1 月 23 日下午通過大會宣言，這是中國國民黨思想之結晶，亦為改組後新精神之所寄[101]。在宣言通過後，中山先生曾扼要加以說明曰：

> 「此次我們通過宣言，就是重新擔負革命的責任，就是計畫徹底革命，終要把軍閥推倒，把受壓迫的人民完全來解放。……我們有此宣言，決不能又蹈從前之覆轍，做到中間，又來妥協。以後應當把妥協調和的手段，一概打銷，並且要知道妥協是我們做徹底的革命的大錯。」[102]

可見，中山先生至晚年（時已五十九歲）得到的最後經驗是「革命絕無妥協，奮鬥才能自由」。

自 1924 年 3 月底起，中山先生每星期抽空在廣東中山大學（即由高等師範所改制）大禮堂演講三民主義。同年 9 月

---

99. 同註 97。
100. 見《國父全書》，頁 959。
101. 鄒魯著：前揭書，頁 117。
102. 見李守孔編著：前揭書，頁 336。

再督師北伐，但後來因曹錕政權被推翻，北京臨時執政政府成立，段祺瑞為臨時執政，電請中山先生北上共商和平統一大計，他認為用兵原非得已，且盼望藉此機會與北方民眾和青年接近，以便宣傳對時局之主張，乃毅然接受邀請，而於11月4日離粵，經上海假道日本北上。不幸，卻於1925年3月12日病逝北京，他最後的遺言是：「和平、奮鬥、救中國」[103]。

103.見羅家倫著：前揭書，頁26-27。

第三章　孫中山政黨思想之理論

第一節　政黨之意義

　　吾人對孫中山政黨思想之演進過程及歷史背景，既已在第二章做一番比較深入的探討，則本章即應研究其政黨思想之理論。而研究孫中山政黨思想之理論，首須明瞭政黨二字本身之意義。惟「政黨」一詞，中外學者專家各有不同之解釋。

　　一、我國學者的看法──「黨」這個字在我們心目中產生的觀念是，一部分人所結合而成的團體，這一部分人可能有某種共同的目的或共同的利益；俗云：「成群結黨」是也。中國宋朝大文豪歐陽修著〈朋黨論〉[1]一文，曾提出今人所謂「黨」一字的含義，他說：

　　　「臣聞朋黨之說，自古有之，⋯⋯大凡君子與君
　　　子，以同道為朋；小人與小人，以同利為朋，此自然
　　　之理也。」

1.歐陽修：〈朋黨論〉，載吳楚材選輯《古文觀止》下冊（香港：萬象書店印行，1949 年 1 月）頁 147。

又說：

> 「然臣謂小人無朋，惟君子則有之，其故何哉？小
> 人所好者，利祿也；所貪者，貨財也。當其同利之
> 時，暫相黨引以為朋者，偽也。及其見利而爭先，或
> 利盡而交疏，則反相賊害，雖其兄弟親戚，不能相
> 保，故臣謂小人無朋，其暫為朋者偽也。君子則不
> 然，所守者道義，所行者忠信，所惜者名節。以之修
> 身，則同道而相益，以之事國，則同心而共濟，終始
> 如一，此君子之朋也。」

從這些文字看來，我們可以判斷歐陽修所謂「朋」亦即是
「黨」，但他不認為小人結合的團體為「朋黨」，因為小人
當其同利之時，引以為朋，及其利害互相衝突之時，就難免
相爭甚至相賊害，而此時「朋黨」也就不存在了。他認為只
有君子結合而成的團體，才是「朋黨」，因為君子「所守者
道義，所行者忠信，所惜者名節。」無論修身、無論治國，
都能保持同舟共濟的一貫精神，斷不致因私利而相爭，而導
致「朋黨」生命的結束，故朋黨是具有恆久性的。吾人據此
認為歐陽修心目中的「朋黨」，實亦含有今日「政黨」之意
義在焉，但是並不能說朋黨即是政黨。談子民教授在其所著
《政黨論》一書中提到：

> 「嚴格說來，朋黨與政黨有別，蓋前者之目的，僅
> 在希望以其影響力，使君主採納其部分之意見與主

張，而後者則為希望自行支配一國之統治權，以直接實現其政策，貫徹其主張。質言之，朋黨乃政黨之胚胎，而政黨則係此胚胎成長而來。」[2]

實至為精當。又鄧公玄先生也把政黨與朋黨做一個區分，他認為：

「1.政黨的組織是永久性的，朋黨則常是暫時的結合；2.政黨的活動是公開的，朋黨只是暗中的運用；3.政黨有政綱政策，而朋黨但以權位為目的；4.政黨的基礎在人民的同情，而朋黨以權謀為依歸；5.政黨以公眾的或一部分人民的利益為前提，但朋黨惟以個人與若干個人的利益為重心。」[3]

把鄧先生的觀點與歐陽修一比可知彼此對朋黨之意義看法並不一致；但他說：「政黨與朋黨並非性質的不同，而只是方式與程度之差。」[4] 薩孟武教授說：「朋黨（faction）與政黨不同，朋黨只謀私人的利益，政黨因受公論的鞭策，常以國家利益為目標。」[5]

「黨」在西洋就是英語的 party，德語的 partei，法語的 partie，「政黨」就是 political party、politische partei、partie politique，而 party、partei、partie 均出自拉丁語的 pars 而為

2.談子民：《政黨論》（臺北：正中書局，1968 年 8 月初版）頁 28。
3.鄧公玄：《政黨政治的理論與實際》（臺北：中央文物供應社，1953 年 12 月初版）頁 4。
4.同上。
5.薩孟武：《政治學》四版（臺北，著者自刊，1960 年 9 月）頁 621。

部分之意。換句話說，部分是對全體而言，黨是一部分人所組成的團體，中西觀念並無二致。「黨」既然只是全體中的一部分，當然不能否定還有其他部分的存在。在一個國家之中，政黨只是國民一部分人組成的政治團體，誠如薩孟武教授所說：「倘令一個政黨能夠容納全部國民，則黨籍與國籍無異，黨員與國民無異，名為政黨，實則無黨。」[6]因之薩教授認為：

> 「政黨是一部分國民要利用統治權，以實行一定政見而組織的團體。」[7]

談子民教授對政黨之定義解釋得比較詳細，他認為：

> 「政黨乃一部分國民依據其自願，所組成之政治團體。彼等欲以其共同之智慧與努力，透過各種公職候選人之提名與選舉，略取政府權力，以實現其共同之政治理想與主張，並促進國家民族之利益。」[8]

浦薛鳳教授認為：

> 「政黨乃是一個公開而具長期性與大規模的組織，以政綱政策相號召，求以競選方式掌握政府治權而實現其所持主張。」[9]

6.同上，頁 600。
7.同上，頁 604。
8.談子民：前揭書，頁 3-4。
9.浦薛鳳：《政治論叢》（臺北：正中書局，1967 年 9 月二版）頁 250。

張金鑑教授認為：

> 「政黨就是一部分人要以集體的努力與奮鬥，去爭
> 取民眾控制政府，藉以實現其共同的政治主張時依志
> 願結合成功的一種有組織有紀律的政治團體。」[10]

傅啟學教授認為薩孟武教授的定義，簡單明瞭，他同意薩氏
的看法，並強調三點：

> 第一、政黨是一部分國民組織的團體。不能強迫人民
> 　　　加入，不能容納全部國民，也不能反對他人組
> 　　　織政黨。
>
> 第二、政黨的目的在行使統治權，與學會、教會不
> 　　　同，政黨企圖取得統治權，這是政黨的目的，
> 　　　也是政黨的特別任務。
>
> 第三、政黨要有政見（political view），不是結黨營
> 　　　私。在野時發表政見，以助長其政黨力量；在
> 　　　朝時，一定要實行政見，以期得到人民繼續的
> 　　　擁護。[11]

以上是我國幾位學者對「政黨」之意義的看法。

依據此等意義，則以革命手段取得統治權的團體，如
「中華革命黨」當然就不能算是「政黨」而是「革命團體」

---

10. 張金鑑：《現代政治學》（臺北：中華文化出版事業社，1964 年 11 月四
　　版）頁 182。
11. 傅啟學：《中國政府》（臺北：臺灣商務印書館，1973 年 5 月增訂初版）
　　頁 413-414。

了。不過，薩孟武、張金鑑兩位教授之定義，並未說出政黨爭取統治權的方法，意義適用範圍較大。

二、西洋學者的看法──此外，我們看西洋學者對「政黨」一詞的意義如何說法？最有名的應推十八世紀英國政治家柏克（Edmund Burke, 1729～1797），他說：

"A party is a body of men united, for promoting by their joint endeavour the national interest, upon some particular principle in which they are all agreed" [12]

亦即：「政黨是一群人們基於他們一致同意的某些特別主義而共同奮鬥，以增進國家利益為目的而結合的團體。」

伊里諾大學教授蘭尼及肯達（Austin Ranney and Willmoore Kendall）也為「政黨」下了一個很有名的定義：

"A political party is an autonomous organized group that makes nominations and contests elections in the hope of eventually gaining and exercising control of the person-

12.Marian D. Irish and Fames W. Prothro, *The Politics of American Democracy*, Third edition.(Englewood Cliffs, N. J.: Prentice-Hall, Inc. 1965) p. 206. J. Roland pennock & David G. Smith, *Political Science: An introduction.* (New York: The Macmillan Company, 1964) p. 335.

13.Austin Ranney, *The Governing of men: An introduction to political Science.* （August, 1959 臺灣文星書店影印本）p. 313. cited from Austin Ranney and Willmoore Kendall, *Democracy and the American party system.* (New York: Harcourt, Brace & co., 1956) p. 85.

nel and policies of government." [13]

　亦即：「政黨是使用提名和競選方式，以期終能獲
得並操作政府的人事及政策控制權的一種自律的組織
團體」

這個定義，J. Roland Pennock & David G. Smith 在其所著《政治學》一書中評論，認為可以涵蓋許多類型的政黨[14]。

　由以上幾位西洋政治學者之看法，可知政黨是有理想有目標的政治組織，它們透過和平競選方式，以取得政權，造福社會為目的。因之與一般壓力團體（pressure group）如政治學會、田徑協會、理髮公會等不同。壓力團體是為了某種特殊的共同利益而組織的私人團體，他們可能想影響政府之政策，以取得個別集團的利益或解除其損害，而無奪取政權之目標，也許和古代中國的朋黨類似；但政黨必須著眼於社會整體之利益，乃能獲得群眾的支持，而其取得執政權之手段，必須以和平競選之方法。故如布克萊大學政治學教授里普遜（Lipson）說：「為尋求統治目的，必須關心公共利益，至少也得做出一個關心公共利益的樣子。」[15]一個政黨若無意於統治，則依任何定義都不是一個政黨[16]。顯然，從他們的定義看來，共產、法西斯、納粹等以暴力把持政權，無視民意

14. See: J. Roland Pennock & David G. Smith, op. cit., p. 335.
15. Leslie Lipson, *The Democratic Civilization.* (New York: Oxford University press, 1964) p. 310. "It seeks to govern. To that end, it must concern itself with the public interest, or at least appear to do so."
16. 王世憲：《美國政黨與政治》（臺北：幼獅文化事業公司，1977 年 1 月出版）頁 42。

的獨裁政黨，是不切合民主政黨之意義的。

三、**孫中山的看法**——中山先生是革命家、是政治思想家，但不是政治學專家，因此，他沒有為「政黨」下定義，不過他對「政黨」意義之認識，是與今日中外政治學家相同的。他說：

> 「政黨之名詞甚為新異，中國人多不明白黨字之真義，就是已入政黨的黨員，也不能人人知道政黨之作用。以為一入政黨，必須袒護本黨，攻擊異黨，不顧國家大局，徒爭一黨之勢力，不知黨與黨之關係，非仇讐，是對黨。」[17]

由這一段話，我們可以知道：

1. 中山先生認為政黨不能「徒爭一黨之勢力」，而「不顧國家大局」，亦即國家之利益應該在黨的利益之上，不能因私利而忘了公益！

2. 中山先生認為一個國家的政黨不能只有一個，因此他才說「黨與黨之關係，非仇讐，是對黨。」

中山先生又說：

> 「人之入黨，當視其自己之心志如何？今日贊成第一黨之政策，即可入第一黨，明日贊同第二黨之政策，即可入第二黨，均屬正當之事。」[18]

---

17. 《國父全書》，頁 562，1913 年 3 月 1 日演講「政黨之要義在為國家造幸福為人民謀樂利」。
18. 同上。

可見，他認為一個人入什麼黨或不入黨，均屬個人自由，基於個人志願，毫不勉強，故任何人都不能強迫任何人加入任何政黨，這是「民主政黨」之要義。正如談子民教授說：「雖極權之政黨亦均未有強迫人民加入各該黨之事例。」[19]

在說到政黨之目的時，孫中山說：「政黨之要義，在為國家造幸福，為人民謀樂利。」[20]而不是為個人或小團體謀私利，而且要「以正道公理謀國家人民之福利」[21]。這裏所說的「正道」，吾人認為是「正當途徑」，亦即不能以暴力或卑鄙的賄選手段，而應以公平、公正、公開之方法去取得政權。而所說的「公理」，正是公是公非的真理，是對國家人民最具公利之政策的意思。為此，執政黨政策的形成，必經公開討論，不能黑箱作業。換句話說，中山先生認為政黨不能走邪道，不能謀陰私。而應該以光明正大的方法去爭取人民的支持，來謀國家人民之福利。但因共產黨提倡階級鬥爭，崇尚暴力及一黨專政，自不能合於普通政黨之真義。

孫中山在解釋「黨」的意義時，特別提到與古時所用的「黨」字大有區別，他說：

> 「中國國民人心之心理，對於黨字之意義，不甚明曉，以為古書上於黨字之解釋不甚良美，有所謂『君子群而不黨』之說，不知今日之政黨的黨字，在英語名詞為 party，在中國文字別無與 party 相當之字，祗

19.談子民：前揭書，頁 5。
20.同註 17。
21.同上。

有此黨字較為近似，並無別字較黨字確當者，故用此
黨字，究竟與古時所用之黨字大有區別。」[22]

可見，孫中山心目中的「政黨」絕非古時的「朋黨」，而是
西洋意義的 political party。是以，我們必須瞭解，孫中山心
目中之「政黨」是指「民主政黨」而言，革命黨就不適用了。
因為他曾在「中華革命黨宣言」中說：「中華革命黨為祕密
團體，與政黨性質不同。」[23]他又說：

> 「今日之政黨，比較從前之革命黨，實大有不同。
> 革命黨之事業，必須流血冒險，犧牲性命財產，纔能
> 做成革命之功，其所抱持之唯一宗旨，則是三民主
> 義；民族主義，與滿族君主相爭競，必須擲多少頭顱
> 始能購得；民權主義，與專制政體相對抗，也是極端
> 反對不能並容的；民生主義，與不良之社會爭，惟今
> 日中華之社會，尚未趨於極端不良之地位，稍易著
> 手。」[24]

　　四、結論——基於以上之分析，吾人試將中山先生對政
黨之各種看法，整理出一個定義來；亦即他認為：

> 「政黨乃是視個人自己之心志而加入，並以正道公理
> 為方法，而共謀國家幸福與人民樂利之高尚團體。」

22.同上。
23.《國父全書》，頁579，1914年9月1日「中華革命黨宣言」。
24.《國父全書》，頁561，同註17之演講詞。

如果，這個定義可以說明中山先生之政黨概念的話，是與中外學者所下的定義毫無遜色的。

第二節　政黨之發生

為什麼會有政黨發生呢？政黨形成之原因是什麼？其必要性如何？這是本節所要研究的課題。我們在探討中山先生的觀念之前，對中外學者之看法仍須先有個認識才行。

一、**專制時代**──首先，我們須知現代意義的政黨之發生與代議民主政治的要求是不可分的！在希臘時代的城邦國家（City State）以小國寡民之故，市民解決公共問題的方式是實行直接民主的，因之市民沒有組織政黨之必要，當然也就不會有政黨的發生[25]。至於君主專制時代，中外各國不論國之大小，民之多寡，也不可能有現代意義的政黨發生。何以故呢？

因為在君主專制時代，人民並非政治的主體，而僅為政治的客體，一國之內，只有君主一個人才是國家的主人翁，而全體人民處於被動的隸屬地位，國家大事的處理，全以君主一人的意志為依歸，而官吏的任免，亦全憑皇帝一人的喜怒愛惡。至於皇位的繼承也是世襲的，人民的意志，全被否定。因此，在「庶人不議」和「不在其位不謀其政」的原則下，人民連發言權都沒有，自更談不到還有什麼權力來過問

25.鄧公玄：〈政黨政治的要素與形態〉，載於《政黨政治論集》（臺北：中央文物供應社，1956 年 10 月初版）頁 65。

政治了。人民既然沒有權力過問政治，自然不能容許有任何政治性組織存在，以免皇帝之地位和權力受到威脅。那麼，這時政黨的成立，便顯然成為不可能和不必要了。於此，可見君主專制時代之所以沒有政黨組織的產生，的確有其客觀性的原因存在的[26]。在君主專制時代，有心人想改革政治，想取得國家政治領導權只有一條路——招兵買馬武力革命。成則為王敗則為寇，輾轉循環沒有已時，這是十九世紀前中國政權移轉的必然途徑，而倒楣的是無辜的老百姓，頻受兵荒馬亂的痛苦，甚至把頭顱當做野心家爭取皇位的墊腳石。

然而，讀者也許會問：翻開中國歷史一看，在漢朝不是有宦官及其趨附者結合而成的「濁黨」和太學生為主的「清黨」嗎？在唐朝不是有「牛黨、李黨」之爭嗎？在宋朝不是有「元祐黨」和「新黨」之爭嗎？在明朝不是有「東林黨」和「復社」嗎？而西洋各國，如英國在清教徒革命以前不是有「圓顱黨」（Round heads）與「騎士黨」（Cavaliers）的對立嗎？在光榮革命時代不是有「輝格」（Whigs）與「托累」（Tories）的對立嗎？如法國在 1789 年大革命之際，不是有 Jocobins 與 Girondins 的對立嗎？在美國 1790 年代制憲時不是「聯邦黨」（Federalist）與「反聯邦黨」（Anti-Federalist）的對立嗎？但是，如果我們拿這些較老的中外黨派組織，放在第一節吾人所探討的「政黨之意義」加以檢視的話，就可發現它們大率並不合乎現代意義「政黨」之條件。因為

57

26.林桂圃：〈中國黨政關係的剖視〉，載於《中山學術文化集刊》第 5 集（臺北：中山學術文化基金董事會，1970 年 3 月 12 日出版）頁 149。

他們在專制君主的權威之下或政治未上軌道時，並無意於爭取國家之統治權，頂多他們志在博得帝王一人的寵信，以期獲得某種權利或影響帝王之政策為已足；至若法國大革命時及以後約半世紀時間的政黨（包括 Jocobins 與 Cirondins），美國制憲時的聯邦黨（Federalist）與反聯邦黨（Anti-Federalist）所爭議者亦僅屬國家性質問題，即國體應為君主、共和、帝國或政體應為中央集權或地方分權的問題而已。故可統稱「朋黨」而不是現代意義的「政黨」。是以，誠如美國普林斯頓大學教授 Joseph LaPalombara 及 Myron Weiner 所編《政黨與政治發展》（*Political Parties and Political Development*）一書中所言，認為政黨的出現只有一百多年的歷史。以英國而論，在 1832 年大改革之後才開始有現代化的政黨，美國也是在 1830 年代，政黨才開始發展地方性的組織，法國則在 1848 年革命以後，一些在政壇上比較活躍的朋黨，才逐漸轉變為有群眾基礎的現代化政黨。而亞洲第一個移植西洋政治制度的日本，亦遲至 1867 年明治維新以後，甚至第一次世界大戰時，才有現代意義的政黨發生[27]。德國政黨之發生亦在 1848 年左右，而我國學者談子民教授也認為「民主政治未確定以前，只能有朋黨（Factions）而未能有政黨（Parties）」[28]這與拜禮（Bailey）所說：「在國會代議制未正式建立以前，英國可說僅有朋黨，而無政黨。」[29]見解是一樣的。可見

---

27. Joseph LaPalombara and Myron Weiner (eds), *Political Parties and Political Development* (Princeton, New Jersey: Princeton University press, 1966) p. 6.
28. 談子民：《政黨論》（臺北：正中書局，1968 年 8 月初版）上冊頁 23。
29. 同上，頁 27-28。

政黨之發生確實與代議民主制度有密切之關係，這是中西學者共同的看法。

二、**民主時代**──然則，現代意義之政黨，其形成原因如何？林桂圃教授在所著《中國黨政關係的剖視》一文中說：

> 「到了近代民治制度發生以後，……人民的地位，業已從奴隸轉變為主人了，所有全國的政治，皆由新作主人翁的人民自己作主，例如國家的機構應如何組織，國家的政權應由誰掌握，以及國家的重要政務應如何措施等等，都要根據人民的自由意志，採用投票的方式和多數決的方法來決定。但眾多的人民意志，要怎樣來表現和執行，便非要依靠那些由最優秀而傑出的人才結成政黨的團體，來作為政治的核心組織，以從事領導和推動不可。」[30]

談子民教授亦言：

> 「迨至民權普遍，國家多數之重要官職皆由民選，而一國政權之誰屬，悉以民心之向背為依據，……人民選舉國會議員以議立一國之法，選舉各級政府重要官員以推行一國之政。民主政治於焉確立，而政黨乃應民主政治發展之需要而產生，並隨之而發展。」[31]

於是，基於各人 1.理智見解的不同，2.宗教信仰之分野，3.經

30.林桂圃：前揭文，頁 250。
31.談子民：前揭書，頁 23。

濟利害之差別，4.權力心理之競爭，5.提名競選之需要，而組成各種不同的政黨[32]。因之，康乃爾大學教授 Rossiter 說：「政黨與民主政治之間的關係，是無法劃分的，正如我們所知之事實，民主政治澎湃的浪潮，賦予政黨以生命；而政黨又是民主政治發展過程中的先驅，故在美國，政黨與民主政治孰先孰後，頗難確定。」[33]鄧公玄先生說：「政黨是近代民主政治的附帶產物，同時也是近代民主政治的重要條件，兩者原是孿生的兄弟，相依而生，相輔而成，不能偏廢。」[34]他們都認為政黨與民主政治是同時產生的。

薩孟武教授在其所著《政治學》一書中解釋政黨發生的原因時說：

> 「民主政治是公意政治（Government by public Opinion）即政治須以人民的意思為根據。」[35]

又說：

> 「各人……依各種不同的政治觀點，集合有志之士組織團體，彼此犧牲一部分的理想，觀察人民的需要而造成公論，用合群之力，使他們的意思對於國家的意思能夠給與若干影響。這就是政黨發生的原因。」[36]

32.同上，頁 24-27。
　浦薛鳳：《政治論叢》（臺北：正中書局，1967 年 9 月二版）頁 253-254。
33.Clinton Rossiter, *Parties and Politics in America* (New York: Cornell University press, 1960) p. 60.
34.同註 25。
35.薩孟武：《政治學》（臺北，著者發行，1960 年 9 月四版）頁 595-596。
36.同上。

的確，一個民主國家的政府，想為人民解決公共的難題或為人民謀取福利，沒有政黨來做為政府與人民之間的橋樑是不行的，政黨對民主政治是不可少的，誠如 James Bryce 在其名著《*Modern Democracies*》中所言：「像美國、法國、英國，那樣人口眾多的國家，假設沒有政黨的組織，如何能喚起公論，並教育和指導使之達成某種特定之目的呢？」[37]黎必珂（Abraham Ribicoff）及倪武曼（John O. Newman）亦認為：「無論哪一種關係大眾的公共事務，都必定有不同的主張，如果有一種主張獲得若干人的附和的話，不贊成這種主張，附和另一種主張的人們也一定連結在一起，組織起來支持他們的主張。」[38]故我們可以說，政黨的發生是由於民主政治的要求。就是說，民主政治是公論政治，而為了綜合各方意見，作成公論，不能沒有一個團體，這個團體就是「政黨」。多數學者認為，民主政治即是政黨政治，而政黨政治即民主政治，就是這個道理。

不過，在此我們必須注意的是，以上各家之觀點，大抵是從民主政治出發的。當然所謂「政黨」亦僅限於「民主政黨」。至於其他欲以武力取得政權及以暴力把持政權的政黨自不能適用。這種欲以武力為爭奪政權之工具，然後藉此實現其政治主張之政黨，可稱為「革命政黨」。欲以暴力把持政權的政黨叫「極權政黨」，如納粹、法西斯或共產黨皆

37.James Bryce, *Modern Democracies* (New York: The Macmillan Company, 1921) Vol. 1. p. 119.

38.陳國新（譯）：《美國的政治方式》（臺北：新亞出版社有限公司，1972年12月二版）頁71。

然，從邏輯上推論，實亦係政黨之一種，特其爭取國家統治權之方法不同於普通政黨耳。革命黨革命成功以後把政權開放，即成民主政黨；繼續把持政權，拒絕和平競爭，排除異己即是極權政黨或稱獨裁政黨。因此，張金鑑教授，對於政黨之發生，不同意西洋學者的看法。他採廣義的說法：

> 「歐美民主主義者，以為政黨乃是代議政治的副產物。……這種說法不免失之偏狹，僅只適用於英美等民主國家的政黨。至於往昔專制君主時，已有政黨一類組織的存在；而反民主的共產黨及法西斯黨的成立，則並非為了爭取選票。」[39]

顯然，張教授對「政黨」一詞所採取的廣義解釋，可以包括民主政黨、獨裁政黨、革命政黨、或其他類型的政黨。故他認為：「政黨是一種政治事實和現象，應從政治的立場，說明其產生的原因。人類是政治動物，不能離開國家與政府的政治組織與政治權力而生活。人民為了要透過政治組織，運用這種政治權力，以圖謀其幸福，保障其權利，增進其福祉，於是那政治主張相同的人，便結合起來成立政黨。政黨的直接目的，在以選舉的和平方法，或流血的革命手段奪取政權，實現其政治主張。」[40]吾人同意這種看法，蓋今日政黨之結合，已非昔日之朋黨，大抵皆想取得對國家人事與政策的參

39.張金鑑：《現代政治學》（臺北：中華文化出版事業社，1964 年 11 月四版）頁 187。
40.同上，頁 188。

與權，如果政見不同之政黨，能用和平公開選舉之方式決定勝負，則可避免流血革命慘劇之發生。反之，除非在位者能自我調適，滿足多數人的需求，否則政見不同的有形或無形的團體極可能採取祕密手段，走向暴力革命的途徑，以實現其政治主張，這是革命黨發生之由來。中山先生一生組黨革命，曾歷經幾次改組，其黨的性質屬革命者多，而屬普通性質者少。吾人為研究之方便，對政黨一詞須兼採廣狹二義之解釋，而不能只採西方民主學者的政黨觀念。

三、孫中山的看法──現在讓我們來分析中山先生對政黨發生的看法。

（一）**民權主義之實行必賴政黨**──1913 年 3 月 13 日中山先生在日本神戶國民黨交通部歡迎會上演講「黨爭乃代流血之爭」時說：

> 「一國之中，非立憲政體不能成立政黨。立憲有民主君主之分別。民主之國有政黨，則能保持民權自由，一致而無亂，君主之國有政黨亦能保持國家秩序，監察政府之舉動。若無政黨則民權不能發達，不能維持國家，亦不能謀人民之幸福。民受其毒，國受其害。是故無政黨之國，國家有腐敗，民權有失敗之患。」[41]

41.《國父全書》，頁 564，1913 年 3 月 13 日在神戶國民黨交通部歡迎會演講「黨爭乃代流血之爭」。

中山先生知道立憲國家的政治是法治政治，政府施政有憲法之根據，不致發生君主專權之危險，故不論國體為君主國或共和國，如能採行立憲政體，皆無礙於實行民主政治，如英國為君主國，但實行責任內閣制的民主政治（當然孫先生是主張民主立憲的）。但是立憲政體之國之所以能避免獨裁政治之發生者，全賴乎有政黨，而政黨是不能在非立憲政體之專制國家成立的，故曰：「一國之中非立憲政體不能成立政黨」，顯然，中山先生之看法，認為政黨與民主政治是相需而生的，這個見解與中外政治學專家一致。然則，政黨有何必要呢？他認為：「若無政黨則民權不能發達，不能維持國家，亦不能謀人民之幸福……是故無政黨之國，國家有腐敗，民權有失敗之患。」

　　他也提到中國在暴秦以後至清朝，因行君主專制，故國事日蹙，至今日始成共和，行民權政體，國家可以一致而無亂。何以能一致而無亂呢？因為「政府能聽民意，從公理，力謀人民自由幸福，所以不亂也。」[42]由此可見中山先生在民國成立之初，是多麼嚮往民主政治！無奈國人甫從君主專制政體之下解放，頗不習慣於民主政治，才演成袁世凱稱帝，張勳復辟與軍閥割據之局面，以致無法產生健全的政黨，民權主義之主張因之無法實現，這也是他何以繼續領導革命之理由。在 1921 年 11 月他還對國民黨黨員說：「我黨為何而立？誠以中國數百年來，為滿州人征服，且數千年來向為專

42.同上。

制政體之國家，所以就要成立這個革命黨，以推行三民主義和改良國家的政治。」[43]這一句話說明在異族的殘暴專制統治之下不組織革命黨來革命救國是不行的！他又說：

> 「前者君主政體，係一人之主張，不聽民意，故違公理，種種政策，莫不由一己之私，行一己之樂，不理民事，故此不能確立於世界。今中華民國實行民權主義，可以鞏固於千年萬年，可保一致而不亂者，此亦靠乎政黨。人民苟有見地，則由政黨發表其意見於政府，政府不行，可以推倒之。」[44]

我們從這一句話，又可知中山先生對於「不聽民意，故違公理」的專制政府，是贊成人民起而革命推翻的！這個人民可以推翻專制政府的看法與英國政治思想家洛克（John Locke）的見解以及美國獨立宣言的精神是一致的！而「政黨」之為物，正是政府與民意溝通之「經紀人」（broker），為實行民權主義所不可缺之重要角色。在民主社會，執政權之移轉有規則，故可不亂，政府施政不合民意，人民可用選票推倒之。因此，中山先生又說：「今日講到民權更不能不要政黨，無政黨則政治必愈形退步，將呈江河日下之觀，流弊所及，恐不能保守共和制度，將漸變為專制。」[45]民權主義之理想，自

---

[43].《國父全書》，頁 894，1921 年 11 月在梧州對國民黨員演講「黨員須宣傳革命主義」。
[44].同註 41。
[45].《國父全書》，頁 562，1913 年 3 月 1 日演講「政黨之要義在為國家造幸福為人民謀樂利」。

無法達成。而「我中華民國歷史上數千年稱為文明古國，所以政治日形退步者，因無政黨以維持之。」[46]吾人認為以上中山先生的種種觀念與十九世紀英國大政治家狄思累利（Benjamin Disraeli）所言：「苟無政黨，則巴力門政府為不可能之事。」[47]以及美國總統威爾遜（Wilson）所言：「苟無政黨，則民主政治無實行之可能。」[48]同其意義。

　　（二）**政治之運行必賴政黨**──政治是管理眾人之事，一個國家的人口成千成萬，如果人人參加管理工作，實為不可能之事，也並非人人有志於這種管理工作。因之須推定代表參與決策或信託一人或數人去從事工作，只是這些管理者一切措施不能違背人民公意。至於一國之中，人口眾多，「不能逐一去問」，如何去瞭解人民公意呢？「而且人民之中為職業所阻，無此閒時來管政事，倘人人不問國事，於國家則極危險，故有政黨可以代表民意。如無政黨，於國家更不堪矣！」[49]所以有政黨則可以一致不亂，無政黨則積滯難行，這是中山先生認為國家不可沒有政黨之原因。這個看法與中外一般學者無異。政治之最高目的厥為維持社會之良好秩序，抵抗外來之任何侵略，圖謀國民之幸福生活，這些天大的國家事務，如沒有一個「中心勢力」來負責推動，絕不可能辦好的。故中山先生認為：

46.同上。

47.見談子民：前揭書，頁 28，引見 Bailey, *Political Parties and the Party System in Britain*, p. 1.

48.同上，引見 Ranney, *The Doctrine of Responsible Party Government*, p. 36.

49.《國父全書》，頁 564。（同註 41）

「一國之政治，常視其運用政治之中心勢力以為推移。其中心勢力強健而良善，其國之政治必燦然可觀；其中心勢力脆薄而惡劣，其國之政治必闇然無色；此消長倚伏之數，固不必論。……天相中國，帝制殄滅，既改國體為共和，變政體為立憲，然而共和立憲之國，其政治之中心勢力則不可不匯之於政黨。」[50]

又說：

「誠以共和立憲國者，法律上國家之主權在國民全體，事實上統治國家之機關，均由國民之意思構成之，國民為國家之主人翁，固不得不起而盡此維持國家之責，間接以維持國民自身之安寧幸福也。

惟是國民合成心力之作用，非必能使國民人人皆直接發動之者。同此圓頂方趾，其思想智識能力不能一一相等……是故有優秀特出者焉，……而優秀特出者，視尋常一般者常為少數，……而實際左右其統治權力者，亦常在優秀特出之少數國民。在法律上，則由此少數特出者，組織為議會與政府，以代表全部之國民。在事實上，則由此少數優秀特出者集合為政黨，以領導全部之國民……是故政黨在共和立憲國，

---

50. 《國父全書》，頁397，1912年8月13日「國民黨組黨宣言」。

實可謂為直接發動其合成心力作用之主體，亦可謂實
際左右其統治權力之機關。」[51]

又說：

「……是故，政黨政治，雖非政治之極則，而在國
民主權之國，則未有不賴之為唯一之常軌者。其所以
成為政治中心勢力，實國家政治進化自然之理，勢非
如他之普通結社，可以若有若無者也。」[52]

又說：

「夫國家之成立，必賴乎政治，而國民之政治，若
普問於國民之可否，豈不是行極繁之手續？故欲簡而
捷，必賴政黨。今與二三政黨商量妥協，而國之政治
即舉。」[53]

可見，中山先生認為「政黨」在國家主權屬於國民全體的國
家，是絕對不可缺的！沒有政黨，「中心勢力」是無法形成
的，而國家政治亦必無法運行，這是政黨發生及其所以存在
之理由。至於中國政黨之發生情形如何呢？他說：「然民國
政黨最先發生者，就是共和黨，故共和黨之勢力最大。但兄
弟在南京執政時，黨人俱盡力於國事，而政黨似不甚注意，

51. 同上。
52. 同上。
53. 《國父全書》，頁557，1913年2月在橫濱華僑歡迎會演講「政黨與政
　　府之重要關係」。

所以前之同盟會，即今之國民黨，發生最後。」[54]當時投袂並起相繼出現的還有統一共和黨、國民公黨、國民共進會、共和實進會之組織……。

三、結論——吾人依據中山先生之理論加以分析，可得一個結論，那就是，他認為政黨之發生是有其客觀的必要性的，而總括他的看法，大抵可以歸納為三點：

1. 從國家目標而言，要實行民權主義，就必須有政黨，當今各民主國家莫不有政黨，沒有政黨，民權不能發達。在正常的情況下，人民透過民主政黨間的和平選舉，伸張民權，參與國政。

2. 從國家處境而言，在異族統治或專制政府之下，人民無法享受正常的政治生活，故也必須有政黨。但這時的政黨是祕密的革命政黨，人民藉革命黨武力以進行民族革命或政治革命，排除正常生活之障礙。

3. 從政治理論而言，要使國家政治運行順利，更不可沒有政黨，因為政治之推動必賴「中心勢力」，這個「中心勢力」就是政黨，否則「人人要管」國事既屬不可能，「人人不管」國事，亦甚危險。

第三節　政黨之功用

政治既然離不開政黨，可見政黨在政治上是具有許多無法磨滅的功用，然則，其功用可能因各國政黨制度的不同而

54.同上。

有所差異，也因此各國學者之看法亦難能一致。

一、我國學者的看法——

根據浦薛鳳教授之看法，所謂政黨政治，蓋即政府之組成與更迭，完全根據每次國民選舉的結果，不論其為一黨獲勝，由一黨單獨組織政府，或為數黨攜手組成聯合政府。民主國家之可貴，正在不經流血暴動，而於和平順利之中，實行政府之改組，治權之易手。故自由選舉，投票結果以決定政黨之起伏，政府人選之更易，以及政府對內對外法令措施之更變者，是謂政黨政治。[55]

浦教授認為政黨政治重要的功用有八：

（一）推出候選人——因為一般民眾既無餘暇，亦少根據，去判斷誰是理想的人選，故在選舉之時可能茫然不知取捨。而政黨之作用，正好可代一般選民籌畫挑選。選民可憑其信仰，投某政黨提名之候選人的票。

（二）擬議政策方針——政策方針為各政黨經常所注意研究，以備執政之用者，當選舉之時可向選民宣布，以徵求其擁護和投票。

（三）組織政府行使治權——政黨競選獲勝時，可以合法組織政府，兢兢業業實行向選民宣布的政治主張，同時應付他黨的監督和批評，向人民負責，為人民謀福利。

（四）擔負監督政府之責任——政黨如競選失敗時，則可以在野之地位，替人民監督當政的政黨，使其行政不致發

55.浦薛鳳：《政治論叢》（臺北：正中書局，1967 年 9 月二版）頁 250。

生偏差，則一般人民可各就其業，高枕無憂。

（五）向民眾進行政治教育——政黨平日經常以各種方式向民眾宣傳其政見，並可互相詰辯，此時，無異對民眾進行政治教育，使民眾對國家內外時事有所認識。

（六）促成輿論——政黨對於重大問題所採之立場或方針，可以促成輿論，以試探選民公意。

（七）代表部分民眾之利益——各政黨主張儘管不同，目的儘管互異，但其主張決非無病呻吟，起碼各自直接間接地代表一部分民眾之利益，為政治家所應關注。

（八）民主政黨實為培養人才之機構——民主國家之政治人才，大抵均係政黨出身，均具備政黨政治經驗。[56]

薩孟武教授認為「一國人民每因環境之不同，各有各的利害關係；又因利害關係之不同，各有各的政治主張。所以公論是亂雜無章沒有組織的，於是發生了一種危機：即不負責任的社會勢力，可以假託民意，偽造公論。有了政黨之後，這個危機稍可減少，因為政黨既能綜合各方意見，造成公論，而其取得政權又依選舉之法。它若不顧民意，偽造公論，人民可於下屆選舉之時，投票給別個政黨，所以政黨苟欲久握政權，必須遵從公意，提出政治主張。」[57]故他在其所著《政治學》一書中，提出政黨對於民主政治有下列兩種作用[58]，而使政黨有其存在的價值。

56.同上，頁 283-284。
57.薩孟武：《政治學》（臺北，著者自刊，1960 年 9 月四版）頁 597。
58.同上，頁 598-599。

（一）**對於民眾的作用**──政黨須有民眾的擁護，選出多數議員，而後才能攫取政權。政黨要得民眾的擁護，選出多數議員，又須對於時局問題，提出公正的主張，請求民眾贊同。這樣，民眾的政治見解就由政黨統一起來。……倘令沒有政黨，則民眾所要求的是什麼，所反對的是什麼，絕對沒有方法可以忖度。……由此可知有了政黨，而後民眾的政見方能統一，民眾的投票方有力量，所以政黨對於民主政治乃有很大的作用。

（二）**對於議會的作用**──民主政治是多數決的政治，議案之通過需要多數議員同意。而政黨必有政見，凡議案與政見相合者，則贊成之。與政見相反者則反對之。而政見則為政黨外察世界大勢，內顧社會環境，經過長時間的考慮，決定下來的。在這個意義之下，政黨對於民主政治又另有一個作用，即有政黨，而後議會的立法程序才得進行無阻，不至議論百出，一事無成。

鄧公玄教授認為「政黨最初是以居間的地位，在人民與政府之間作經紀人，等到居間的任務完成，再進而充任董事或經理的職務；如其不能取得董事或經理的地位，則以監察人的身分自居，實行監督政府的施政工作。這就是今天民主國家政黨的功用。」[59]吾人認為這是最為適當而最容易使讀者明白政黨之功能的比喻！照此說法，則每位選民就是「股東」。

─────────────

59.鄧公玄：《政黨政治的理論與實際》（臺北：中央文物供應社，1953 年 12 月初版）頁 9。

　　鄧教授並特別強調：「政黨具有反映人民的意志的責任。政黨而不能反映人民的意志，則此一政黨便走上了沒落的邊緣了。」[60] 又說：「民主國家的政黨，假使一味的不顧人民的意志，則沒有不被人民摒棄之理。就是一黨專政下的獨裁國家，一旦遭遇到外力壓迫，獨裁者不能靠武力控制其內部時，也必將引起人民的叛變。……因此，政黨的首要功用即在如何勤求民隱，把老百姓的一般願望反映在政綱政策的上面，所謂『為民喉舌』，正是此義。」[61] 吾人深感鄧教授之言，實為「智者之音」！

　　談子民教授綜合各學者對政黨在民主政治中之功能的見解，認為下列各點為一致同意的[62]：

1. 組織選民，教育選民。

2. 為選民提名各種公職候選人，使之易於選擇。

3. 竭盡全力支持其所提名之候選人當選，並使其於當選之後克盡厥職。

4. 依照其在選舉中所宣布之政策，推行政府工作，並對施政之得失與成敗承擔其責任。

5. 製造輿論，重視民意，為人民與政府間有效之橋樑。

6. 協調政府各部門間之意見，補救了分權主義所產生之流弊。

7. 溝通中央與地方各級政府間之關節，使治理機關更能

---

60. 同上。
61. 同上，頁 10。
62. 談子民，《政黨論》（臺北：正中書局，1968 年 8 月初版）上冊，頁33-34。

緊密聯繫，發揮有機體之效能，尤其補救了聯邦體制之弱點。（談教授比喻為中藥中之甘草）

8. 使立法議事機關能構成其所必需之多數，導致民主法則順利之進行。

9. 執政黨與在野黨相互監督與制衡，使民主政治成為有效能之責任政治。

10. 使政權之遞嬗，取決於選民之選票，而非取決於士兵之槍彈，化干戈為玉帛，使全國人民能免於兵連禍結與生靈塗炭之苦。

談教授綜合分析所得的政黨之十大功能，可說已至為齊全，當然，這些政黨功能也只有在民主社會才能發揮出來，在一黨專制的極權國家，就成問題了。因為一黨專制的極權國家的政府並不是依賴人民投票而組成的。

江炳倫教授認為，政黨並不是所有政治體系不可或缺的組織，而僅是現代化或正邁向現代化的政治體系的產物。因此，一個名實相符的政黨必須具備下面三項功能[63]：

（一）能夠代表社會上人民大眾的意見和需求，透過組織把許多零散的利益匯集起來，然後企圖控制政府機構或用其他各種方法，以求使之得以實現。質言之，政黨的第一個任務是做人民利益的經紀人。

（二）國家繼承先人所留下來的一批文化遺產，必須加以發揚光大，或在某些方面加以修正，使之更能適應現在和

[63] 江炳倫：〈談政黨與政治發展〉（載《東方雜誌》復刊第 6 卷第 4 期）頁 33。

未來的世界潮流，一個政黨對這群體之意義及其未來的發展方向，須具有一套不相互矛盾的看法和信念，並且透過組織的力量，來說服其他人士共同遵循，從這方面看，政黨又具有宣道士和導師的氣質。

（三）政黨對儲備和甄拔社會優秀人才以參加政治活動，也有很大的貢獻，現在政治體系的領導分子，大多數不是世襲的。政黨為實現其理想，為使黨的力量不斷茁長，必須時刻注意吸收社會上的才俊，使他們參加黨的工作或輔助他們爭取政府的職位，因此我們又可以說，政黨乃是人才的鑑賞者、訓練者和獎掖者。

江教授對現代化政黨之使命，要求較高，一個政黨如能發揮上述三項功能，誠為人類之福音！

二、西洋學者的看法——

James Bryce 認為代議政治國家的政黨有兩大主要功能，即促進對其政黨主義的論辯及辦理選舉工作[64]。此外，政黨可以結合政見相同的議員，使他們集中努力來支持一定的主義，以求達成其目的[65]，還可以使一大群混亂的選民有秩序[66]。

布克萊加州大學政治學教授 Leslie Lipson 認為「政黨之作用在主持政府並向人民負責（執政時）和代表人民批評政府（在野時）」[67]又說：「政黨是民主制度的橋樑，把社會和

---

64. James Bryce, *Modern Democracies* (New York: The Macmillan Company, 1921) Vol. I, p. 113.
65. Ibid., p. 115.
66. Ibid., p. 119.
67. Leslie Lipson, *The Democratic Civilization*. (New York: Oxford University press, 1964) p. 306. "the parties contribute responsibility to the public and criticism on behalf of the public."

國家連接起來」，「政黨是政治的核心和中堅」[68]。

芝加哥大學教授 Sigmund Neumann 在談到政黨的功能時，認為民主政黨要能完成組織混亂的公共意志，和教育私人性質之市民，使其履行政治義務的這兩個先決功能之後，才能負責扮演連結政府與公意之角色的第三個責任。因為民主政治是從基層建築起來的金字塔（pyramid），在民主政治的雙行道上，領導者與群眾之間的連接物乃成為一件必需品。而第四功能才是選擇領袖[69]。他的見解著實是值得欽佩的。

Marian D. Irish 及 Fames W. Prothro 在其所著《The Politics of American Democracy》一書中提到美國政黨之功能為：

（一）選擇領袖並傳達公共利益給官方決策者。

（二）協助市民組織其意見。

（三）處理社會衝突、調和敵對團體的差異（以 Lord Bryce 之口語即 bring order out of the chaos of a multitude of Voters）及組合政府的決策活動[70]。

伊里諾大學教授 Austin Ranney 在其所著《The Governing of Men》一書中提到民主政黨之活動（亦即功能）有四：1.辦理提名（Making Nominations），2.參與競選（Contesting Elections），3.組織政府（Organizing Government）及 4.其他附帶性活動（Ancillary Activities），也就是辦理許多社會服

---

68. Ibid., p. 309.
69. Sigmund Neumann, (eds.) *Modern Political Parties*. (Chicago: The University of Chicago press, 1956) p. 397.
70. Marian D. Irish and Fames W. prothro, *The politics of American Democracy* (Third edition) (Englewood Cliffs, N. J.: prentice-Hall, Inc., 1965) pp. 207-209.

務性質的工作，如童子軍團、夏令營、成人教育（外語補習等）、出版報紙及其他定期性刊物，對亡故黨員的喪葬財務補助……等等。他說許多美國人民知道政黨不只是一個辦理提名和選舉的團體而已[71]。這一點是許多中外學者未曾提及的。

三、孫中山的看法──

關於政黨之功用，中山先生的演講詞之中有不少遺教。可歸納為三點來說明：

其一，政黨可促進政治進步──他說：「國家之有政黨，原以促政治之進行。故世界文明各國，無不有政黨以維持之。」[72]又說：

「黨之用意，彼此助政治之發達，兩黨互相進退，得國民贊成多數者為在位黨，起而掌握政治之權。國民贊成少數者為在野黨，居於監督之地位，研究政治之適當與否。凡一黨秉政，不能事事皆臻完善，必有在野黨從旁觀察以監督其舉動，可以隨時指明。國民見在位黨之政策不利於國家，必思有以改絃更張，因而贊成在野黨之政策者必居多數。在野黨得多數國民之信仰，即可起而代握政權，變而為在位黨。蓋一黨之精神才力必有缺乏之時，而世界狀態變遷無常，不

71. Austin Ranney, *The Governing of Men.*（August, 1959 臺北文星書店翻印本）pp. 314-316.
72. 《國父全書》，頁 528，1912 年 8 月 25 日下午 1 時在北京國民黨成立大會演講「解決民生問題」。

能以一種政策永久不變，必須兩黨在位在野互相替代，國家之政治方能日有進步。」[73]

又說：

「政黨之作用，在提攜國民以求進步也，甲黨執政，則甲黨以所抱持之政策，盡力施行之。而乙黨在野，則立於監督者之地位焉。有不善者則糾正之，其善者，則更研究至善之政策，以圖進步焉。數年之後，甲黨之政策既已實行，其善不善之效果亦已大著。而乙黨所研究討論之進步政策，皆得大多數國民之贊同也。於是乙黨執政，以施行其政策。而甲黨則退立於監督之地位。輪流互易，國家之進步無窮，國民之幸福亦無窮焉。」[74]

又說：

「進而組織政府，則成志同道合之政黨內閣，以其所信之政見，舉而措之裕如。退而在野，則使他黨執政，而己處於監督之地位，相摩相蕩，而政治乃日有向上之機。」[75]

---

73. 《國父全書》，頁 561，1913 年 3 月 1 日演講「政黨之要義在為國家造幸福為人民謀樂利」。
74. 《國父全書》，頁 577，1913 年「國民月刊出世辭」。
75. 《國父全書》，頁 397，1912 年 8 月 13 日「國民黨組黨宣言」。

我們從上引中山先生之言論，可以確定，他對政黨之功用的認識是與前述中西學者心目中的民主政黨之功用一樣的。蓋政黨為近代人類社會之產物，其發生實基於人類對於民主政治之要求。懷抱從政意志，想取得政權之有心人所結合而成的政黨，如要在和平競選中，得到人民的支持與擁護而上臺執政，則必須運用政黨之組織，探求民隱，徵詢公意，以為擬訂政綱政策之根據，並為平時向選民進行宣傳之資料。另一方面替各就其業無暇問政的同胞，負起監督在位黨之施政並糾正其錯失行為之責任。然則，政府何以必須監督呢？中山先生說，因為「凡人之作事當局者迷，旁觀者清，故政府作事不好，必須人民之監督指正。」[76]在野黨即可代表人民負擔這個監督的工作，使政府施政合乎國家與人民之利益。等待改選時期到來，在野黨即可以本黨政見訴諸選民公決，以徵求其投票支持本黨之政策及候選人。但是，執政黨由於在野黨之監督以及希望下次競選繼續獲勝起見，也不得不抱著戰戰兢兢、如臨深淵、如履薄冰的心情，以人民利益為施政依歸。因此中山先生認為在這種情況之下，「無論何黨皆必以實行政策與研究政策二者為其目的」[77]，一定互相以人民幸福國家前途為著眼和思考的主題，而政治自然日漸進步，社會自然日漸繁榮，國家也自然日漸富強，人民因而得以享受無窮的幸福！是以，吾人認為中山先生對政黨功用的第一個看法是：政黨可促使政治進步，人民幸福。故他說：「由是

76.《國父全書》，頁557，1913年2月演講「政黨與政府之重要關係」。
77.同註74。

觀之，能使國家進步，國民安樂者；乃為良政治，能使國家進步，國民安樂之政黨者，乃為良政黨。」[78]

其二，政黨可防止流血革命——中山先生曾說：「民國初建，應辦之事甚多，如欲積極進行，不能不賴政黨。政黨者，所以代表人民心理，所以鞏固國家，能使國家鞏固，社會安寧，始能達政治之用意。」[79]又說：「政黨之目的凡國事均欲在政治上解決」[80]。「當此共和時代，無論政黨民黨，有互相監督，互相扶持之責。政府善則扶持之，不善則推翻之。」[81]又說：

> 「各政黨之中，若逢政策與自己黨見不合之事，可以質問，可以發揮黨見，逐日改革，則無積滯，無積滯即無變亂之禍患。變亂云者，有大小，大則流血革命，小則妨礙治安。是故立憲之國，時有黨爭，爭之以公理法律，是為文明之爭，圖國事進步之爭也。若無黨爭，勢必積成亂禍，為無規則之行為耳。」[82]

翻開中國史頁，迨自暴秦以還，迄民國成立二千餘年間，改朝換代，不知凡幾，而每次政權鼎革，無非皆是易姓

---

78. 同上。

79. 《國父全書》，頁 538，1912 年 9 月 15 日演講「政黨之目的在鞏固國家安寧社會」。

80. 《國父全書》，頁 590，1914 年 12 月 30 日「國民黨改組為中華革命黨致壩羅同志」。

81. 《國父全書》，頁 487，1912 年 4 月 18 日在上海對自由黨演講「政黨有互相監督互相扶持之責」。

82. 《國父全書》，頁 564-565，1913 年 3 月 13 日演講「黨爭乃代流血之爭」。

革命，君主世襲，企圖承天建極傳之萬世，就連民國成立後的袁氏，亦何嘗不想試試看？然則，豈有何姓果真傳之萬世耶？我們從歷史上得到的教訓，只是皇家末世子孫的悲慘結局，與乎天下無辜蒼生的顛沛流離，塗炭無告而已！是以吾人深以此種「彼可取而代之」、「大丈夫當如是也」的個人英雄主義思想，理應絕滅！否則，正如中山先生所言：「大家若是有了想做皇帝的心理，一來同志就要打同志，二來本國人更要打本國人。全國長年相爭相打，人民的禍害便沒有止境。」[83]因之，中山先生「要免去這種禍害，所以發起革命的時候，便主張民權，決心建立一個共和國。共和國成立了以後是用誰來做皇帝呢？就是用人民來做皇帝，……照這樣辦法，便免得大家相爭，便可以減少中國戰禍。」[84]然則，新式皇帝如何做法？即把過去政府官吏由皇帝一人任免，國家政策由皇帝一人決定的大權改操於人民大眾手中。人民以選舉及罷免權來取捨政府重要官吏及議員，以創制及複決權來創修法律。各政黨有志於執政者，都可將其政治主張及候選人訴之全國民眾公決，得多數人民贊成者在位，少數者在野。這個辦法，若沒有政黨為橋樑、為溝通工具是不行的。故政黨之為物，實為避免個人英雄主義之野心家因爭奪政權發生流血革命，而殃及無辜國民慘遭肝腦塗地的悲慘命運的必要工具。至於，在人民知識水準較高的國家，正如薩孟武教授所言，因「民智進步，人民對於君主專制若有反抗之意，則

83.《國父全書》，頁221，民權主義第1講。
84.同上。

公開的政黨，雖然不能存在，而秘密的政黨也許可以產生，它們不能宣傳自己的主張，以取得人民的同情，又不能利用選舉攫取政權，以實現自己主張，於是改革朝政只有訴於暴力革命。而既已利用暴力攫取政權，又很容易變為利用暴力維持政權，這樣每次改革朝政之先必須經過一番流血的革命，人民塗炭，而政治亦將永久不能納上軌道。」[85]故中山先生說：「有政黨可以代表民意。如無政黨，於國家則更不堪問矣！」即是這個道理。

其三，政黨可進行政治教育──中山先生說：「凡一國政治之善良，純恃強有力之政黨以擁護憲制，而抵抗少數者之專制也。故政黨之作用：所以養成多數者政治上之智識，而使人民有對於政治上之興味；……」[86]又說：「如組織內閣選舉時，在位之一黨少數則失敗，在野之一黨多數則居之，但其黨之可以得多數者，莫不由人民之心理所贊同。是則政黨內閣，可以代表民意，國家則為民意所成，灼然若見矣。蓋政黨在野之時候，若見在位之政黨行為不合，可以指明出來，使人民咸知孰善孰惡，憑公理公意，彼此更換，使多數人所主張之一黨組織內閣。」[87]

我們由這些話，可以判斷，中山先生知道而且重視政黨對民眾的政治教育之功能，一個國家要實行民主政治要以人民來做「皇帝」，而人民沒有做「皇帝」的本領和興趣的

---

85. 薩孟武，前揭書，頁 597。
86. 《國父全書》，頁 589，1914 年 12 月 30 日「國民黨改組為中華革命黨致壩羅同志函」。
87. 《國父全書》，頁 564，1913 年 3 月 13 日演講「黨爭乃代流血之爭」。

話，民主政治是不能成功的！是以，民主政黨必須設法養成多數者（民眾）具備政治上之知識，因而發生對政治問題和公共事務的興趣。唯如此，所辦選舉活動，才能發生良好效果，才能集中烏合民眾的公意，選出適當的候選人，實現正確的政治主張。而不致於被煽動家所迷惑，亦才不致於被權勢所威逼及被財貨所利誘，而投下了神聖卻是錯誤的一票！否則人民沒有政治知識，民主選舉不能憑公理公意進行，也便不能真正表現民意的去從，因而獲勝的政黨所組成的政府，自亦不能代表民意，不能有善良的政治，則這個國家也不可能是真正的民主共和國，而事實上遂成為少數者壟斷的專制國。可見，民眾政治知識的提升是何等重要！而養成民眾的政治知識，提高其政治興趣和義務感，正是政黨所應完成的重要責任。這個見解竟然與本節前面所介紹的芝加哥大學教授 Sigmund Neumann 之重視政黨教育選民之功能的見解完全一致！

四、結論——總括以言，關於政黨之功用，中山先生的思想，認為有三點：

（一）政黨可以促進政治進步。政黨互相監督，反映民意。促使一個國家的政治進步而有效率，避免政府的專制和為非，增進人民的幸福生活，達成民主政治的崇高目的。

（二）政黨可以避免流血革命。凡一國重大政治問題引起意見上之衝突時，均以和平選舉公民投票訴諸民意的政治方式來解決，才不會發生變亂之禍患，徒使無辜民眾遭受顛沛流離生靈塗炭之苦痛。

（三）政黨可以教育選民。蓋政黨為使選舉獲勝進而執

政，一定會集中力量喚起民眾對時局之關心，提高民眾的政治知識和對國家大事的政治興趣，從而發揮政黨政治自由選舉應有的正確功能。

一言以蔽之，有了政黨，民主政治始能圓滿的進行。二十世紀初葉的古老中國，從天而降這位偉大哲人，豈非上蒼立意安排，要使中國二千餘年專制政治改絃更張，走向吉祥喜樂的和平、民主、自由之路嗎？

第四節　政黨之條件

一、一般理論——

民主政黨之成立，必須具備一定之條件，方能在政權的競爭時獲得勝利。惟吾人認為政黨之條件，可分為客觀的與主觀的！鄧公玄先生亦說：「因為政黨之產生，實有其客觀的條件，如果沒有具備這些條件，則雖勉強效尤，亦是無濟於事。」[88]什麼是政黨的客觀條件呢？

（一）**民主政治的基礎**——政黨政治只能在民主政治的基礎上產生，因為只有民權被承認的國家，人民才有自由發表政治意見的權利，不受君主或執政者的限制，然後人民乃能組織政治團體。極權國家雖亦有政黨，但不合政黨政治之要義。

---

88 鄧公玄：《政黨政治的理論與實際》（臺北：中央文物供應社，1953 年 12 月初版）頁 4。

（二）**代議制度的存在**——政黨不僅需要民主政治的基礎，而且需要代議制度的存在。因為希臘的城邦國家其市民人人直接參政，沒有選舉代表的必要。但是人民眾多之國家，事實上無法做到人人直接參政，代議制度乃應運而生，而政黨正是人民與政府的中間組織。至於君主專制國家，沒有民主政治，故也沒有代議制度，當然不必政黨的存在。

（三）**多數決的公認**——民主政治是公意政治，但是人民意思無法全體一致，公共決策與人選的決定，只有依賴多數決之原則行事，亦即少數服從多數。任何爭議和政治主張之衝突，訴諸多數決，而大家均能遵奉這個原則，政黨政治才能運行，政黨才能生存。

（四）**反對黨的尊重**——由於政黨只是國民的一部分組成的團體，當然必須尊重其他社會人士有同樣組織政黨的權利。中山先生說：「民國之所以發生者，第一欲與國人有民權思想。……國人因有民權思想，然後發生政黨。政黨係與政府對立，故共和黨當時之發生，兄弟甚為喜歡。」[89]可見，他知道政黨政治之先決條件是尊重其他政黨的組織和存在。鄧公玄先生認為：「執政黨對在野黨的尊重，即對政黨制度之尊重，亦即等於自我的尊重。本來政黨是含有排他的性質，然而同時不能不有容他的雅量，否則，便將失卻民主政黨的基本精神而走上獨裁道路。」[90]

---

89. 《國父全書》，頁 557，1913 年 2 月演講「政黨與政府之關係」。
90. 鄧公玄：前揭書，頁 7-8。

　　至於政黨的主觀條件，亦即政黨構成的要素，張金鑑教授在其所著《現代政治學》一書中，說明政黨之要素[91]有四：

　　（一）**黨人**——因政黨是人之結合，故政黨成立之第一要件，當然是黨人，黨人之中可分為領袖、幹部及黨員三種。

1. 政黨領袖：對內統一黨員之行動，對外代表黨員。有的採黨魁制，亦有採委員制的。其產生大率經過選舉方式，故有一定之任期。

2. 幹部：介於領袖與一般黨員之間，為擔任黨內一定工作之黨員，其作用可輔助領袖聯絡黨員。其產生或由黨員選舉或由領袖甄拔，幹部能力比較高強，工作比較熱心。

3. 黨員：為政黨構成員，為贊成該黨主義、政綱、願遵守該黨法紀之分子。

　　（二）**黨綱**——黨綱亦即黨的政綱，為有條理有系統之政見，係根據所信仰的主義，適應時代與環境之需要，對現實政治問題所標示的解決綱領及努力要點。黨綱之作用在團結黨員，為黨員一致努力的目標，對外亦可號召民眾，爭取支持。

　　（三）**黨紀**——政黨要維持其行動的一致，與組織的穩固，必須有黨紀以為黨員行動的規範，一個政黨賴黨紀而使黨員個人意志凝結為黨的團體意志，使黨員個人行動統一為黨的集體行動，經分工合作，彼此聯繫及上下統屬關係，使

---

91. 張金鑑：《現代政治學》（臺北：中華文化出版事業社，1964年11月四版）頁183-185。

政黨成為運用靈活的組織系統，這樣才能發揮政黨的力量，達成政黨的目標。黨員有服從黨決議奉行黨命令的義務，否則即可能受到黨紀之處分。惟黨紀寬嚴有別，民主政黨之黨紀較寬弛，極權政黨之黨紀較嚴厲。

（四）**黨費**──政黨為推行黨的工作以達成黨的任務，自必須有充裕的經費以維持其開支。黨費之來源大致來自黨員所繳之黨費、及熱心黨員之特別捐助，亦有由支持該政黨的資本家捐助者。惟一黨專政國家，黨國不分，黨費往往由國家經費撥付。此外，政黨亦可經營生產事業，以其盈餘撥充為黨的經費。

普林斯頓大學教授 Joseph LaPalombara 及 Myron Weiner 在其所編著《政黨與政治發展》（*Political Parties and Political Development*）一書中，提到一個真正的政黨應該具備下列幾個條件[92]：

1. 黨的組織在時間上有連續性，不致於因為領導人的死亡而解體。
2. 黨要有長久性的地方組織，在中央與地方機構之間有固定的溝通頻道和關係存在。
3. 黨的組織目的，不只像利益團體僅在影響政策的制訂和執行，而且要為取得政權或維護既得政權而努力。
4. 黨要使更多的人信從本黨所提出的政綱，俾在選舉時能得到普遍支持。

92. Joseph LaPalombara and Myron Weiner (eds.), *Political Parties and Political Development*.(Princeton, New Jersey: Princeton University press, 1966) p. 6.

從這個觀點看，他們認為政黨起碼要有①固定的組織，②為取得政權而努力，③提出政綱宣傳給選民，顯然這是以美國政黨為標準而定的條件，故沒有把領袖、主義、黨紀等列為要素。美國政黨的特質與我國政黨大異其趣，他們不標榜主義，只重視現實，他們的地方機關比中央機關還要重要，各級組織無指揮體系，當然也不注意黨紀，而且缺乏固定的全國領袖[93]。

二、孫中山的看法──

中山先生在 1912 年 8 月 13 日「國民黨組黨宣言」中說：「且夫政黨之為物……非具有所謂強健而良善之條件，不足以達其目的。強健而良善之條件非他，即鞏固龐大之結合力，與有系統有條理真確不破之政見是也。苟具有鞏固龐大結合力，與有系統有條理真確不破之政見，壁壘既堅，旗幟亦明，自足以運用其國之政治，而貫徹國利民福之蘄嚮。」[94]我們從這一句話可以推斷中山先生心目中的政黨條件。

大凡政黨之組織係為達成某種政治目的，中山先生組織政黨（不論是革命黨或普通政黨）之目的，志在建立一個三民主義、五權憲法的共和國，使中國得與世界列國並駕齊驅，亦即是「為國家造幸福為人民謀樂利。」所謂革命黨或民主政黨，特其因應時勢而採取不同之手段而已。既然中山先生組黨有這樣崇高之目的，則他心目中之政黨必須具備「強健

[93] 參閱羅志淵編著：《美國政府及政治》（臺北：正中書局，1964 年 10 月初版）頁 258-262。
[94] 《國父全書》，頁 397。

而良善」之條件，否則不足以達成建國治國與福國利民之目的！然則，「強健而良善」之條件是指的什麼？他已經告訴我們：

（一）鞏固龐大之結合力。

（二）有系統有條理真確不破之政見。

當然，這兩個條件之中，尚包含著許多要素，吾人遍讀中山先生有關政黨理論之演講詞、雜著、函札及有關宣言、文電，深知這些要素，除了 1.黨員（沒有黨員當然就沒有組織了）之外，起碼有 2.主義、3.領袖、4.黨綱、5.黨德、6.黨紀、7.黨費等，而所謂「鞏固龐大之結合力」是離不開黨員、主義、領袖、黨德、黨紀、黨費等要素的；至於「有系統有條理真確不破之政見」就是「黨綱」。除 6.「黨紀」因與「政黨之組織」具有密切關係，宜併在次節討論之外，茲分項說明之：

（一）**黨員**──黨員可以說是組成政黨有機體的細胞，政黨要「強健而良善」，黨員必須先「強健而良善」，這是基本常識，猶若「強國必先強種」然。中山先生所組的政黨，他吸收黨員是有一定原則的。1924 年 7 月 7 日「中國國民黨關於黨務宣言」中說：「中國現在大多數人民皆陷於壓迫苦痛之中，則革命之基礎，自以聯合全民共同奮鬥，始能益顯其效力。故凡有革命勇決之心，及信仰三民主義者，不問其平日屬何派別，本黨無不推誠延納，許其加入，態度本極明顯。」[95]由這一段文字，可知中山先生「推誠延納」全民共同

95.《國父全書》，頁 759。

奮鬥，「以鞏固龐大之結合力」；但是加入國民黨，必須具備「革命之勇決心」及「信仰三民主義」兩個條件，而非人人盡可加入者也。至於任職於黨機關之幹部比之一般黨員「須格外絕對服從黨義。一經入黨，則個人行動一切皆範疇於黨的行動，謹守本黨政策，以博得多數人民之信仰，而本黨基礎乃賴以鞏固。」[96]可見 1924 年時期之國民黨為「革命黨」性質，其黨員之自由並不能與普通民主政黨相比。因此，他曾說：「我們參加革命黨，要貢獻的東西，就是自己的平等自由！把自己所有的平等自由，都貢獻到黨內，讓黨中有全權處理，然後全黨革命，才有成功的希望。全黨革命成功之後，自己便可以享自由平等的權利。」[97]什麼時候才算革命成功呢？憲法公布以後。

　　（二）**主義**——中山先生未曾說過「主義」是政黨之必備條件，但吾人從其言論，得知他是把「主義」看做政黨所不可缺的奮鬥目標的！他說：「吾黨自提倡革命運動以來，內審本國之國情，外按世界之趨勢，幾經斟酌，始確定三民主義為中國革命運動中唯一之根據。三民主義之革命，為中國革命運動中唯一之途徑，而最適合於中國之國情及環境，奮鬥既久，信守彌篤。」[98]可見國民黨是一個有「主義」的政黨，三民主義就是它的政治主張。他於 1920 年 5 月 16 日在

---

96. 《國父全書》，頁 875，1924 年 3 月 16 日，「通告任職黨員務須奉行主義策略與民同甘苦文」。

97. 《國父全書》，頁 1010，1924 年 11 月 3 日，在廣東對黃埔軍官學校告別詞「革命成功個人不能有自由團體要有自由」。

98. 同註 15。

上海國民黨本部演講時，亦曾勉勵黨員說：「九年以來，我們得了許多經驗，許多教訓，以後我們要把三民主義的精神，同化到全國，完全靠在這黨的作用上面，我們同志非拿全副精神來辦他不可。」[99] 又於 1920 年 11 月 4 日在上海國民黨本部會議席上演講說：「我們要曉得黨是什麼一件東西？這黨的目的是要怎樣的？我們造一個黨，是因為要把我們的主義和目的貫徹到底。當初創造同盟會，我也就抱著三民主義。」[100] 又說：「中華革命黨有幾個條件，當時老同盟會中人覺得不好，很有許多反對的，卒之至於分道揚鑣，不肯加入。其實他們很不了解，因為黨與國原有不同之處，最要分得清楚。黨所重的是有一定的主義，為要行一定的主義，就不能不重在人。」[101] 黨員人人信仰主義，才能發揮力量，這是加入國民黨須信仰三民主義之理由。那麼，當時三民主義之內容是什麼呢？即是掃除一切不平等的事，如：

1. 民族主義——即是掃除種族之不平；
2. 民權主義——即是掃除政治之不平；
3. 民生主義——即是掃除社會之不平。

他說：「這種種的不平，既然都在眼前，所以我們同時就要解決，免得枝枝節節，而且不如是就永遠不能適應世界的潮流了。」[102]

---

99. 《國父全書》，頁 883。
100. 《國父全書》，頁 886「修改章程之說明」。
101. 同上。
102. 同上，頁 887。

不過，在此，有一問題，我們須加討論，即政黨應否以「主義」為條件呢？英國學者大多主張政黨應有其特定的主義，這由本章第一節 Edmund Burke 對政黨所下之定義即可見得。而美國政治學者則多認為政黨不宜具有特定的主義，否則，非特政黨容易失去民主性與思想言論的自由，而成為教條式的芻狗；尤其桎梏國民之思想，導致內戰之危機[103]。這是有歷史教訓之根據的，如當美國北部共和黨主張禁止奴隸制，南方民主黨贊成奴隸制，曾一度發展成為兩個理論針鋒相對的政黨，其結果終於在林肯出任總統時即爆發南北戰爭，導致為禍慘烈的內戰。主此說者，以 John Fischer 為代表[104]。惟他國政黨奉行「主義」者亦所在多有，如英國工黨即以標榜實行費邊社會主義（Fabian Socialism）為職志，之前蘇俄及其附庸國家的共產黨，以實行馬列主義（Marx-Leninism）為職志。但因英國為實行責任內閣制的「政黨政治」國家，有主義的工黨與無主義的保守黨仍能和平相處，蓋其政權之轉移，係取決於多數選民之公意；而共黨國家，因行「一黨專政」，故走向獨裁統治之路。

然則，正如談子民教授所言[105]，標榜主義之國家或政黨，並非均為獨裁或侵略者，我國自中山先生組黨革命建國以來，國民黨以奉行中山先生所創的三民主義為職志，但三民主義

---

103. 參閱談子民：《政黨論》（臺北：正中書局，1968 年 8 月初版）頁 4-5，及頁 48。引見 John Fischer *"Unwritten Rules of American Politics"* Harper's Magazine, November, 1948. pp. 27-36.
104. 同上。
105. 談子民：前揭書，頁 49。

已非國民黨所獨有，而為全國國民所共有。其他政黨如民社黨與青年黨，均有見於三民主義之博大精深，確為一完美之救國主義，故願共同信守奉行，並於我國憲法第一條規定：「中華民國基於三民主義，為民有、民治、民享之民主共和國」列為國家建設最高指導原則。是以，三民主義已成為我們共同奮鬥的理想目標。三民主義並非侵略主義，更非極權主義，而是福國利民、濟人淑世的主義，他的理想是崇高的！至於實施之具體辦法，自宜力求因應時代之需要。

（三）**領袖**──任何組織而沒有領袖，就好像人的身體沒有腦神經一樣，沒有意識，不能行動，自然也就發揮不出什麼力量。因之，許多學者都認為「領袖」是任何組織的基本要素，政黨尤沒有例外。中山先生對於同盟會時代及國民黨時代組織的渙散，頗多感觸，認為當時大家沒有服從黨魁的美德，太看重個人的自由平等，以致「黨員雖眾，聲勢雖大，而內部分子，意見紛歧，步驟凌亂。」[106]無團結自治之精神。然則何故如此呢？吾人認為主要原因為「領袖」的要素未得到一般應有的重視之故，黨沒有領袖，黨的組織便無法發揮統合指揮、貫徹命令的功能，則政黨任務必無法達成。中山先生見於民初建國失敗的教訓，在 1914 年重整「中華革命黨」時，特別強調黨員服從領袖的重要。

1920 年 11 月 4 日他在上海中國國民黨本部會議席上演講

106.《國父全書》，頁 583-584，1914 年 6 月 15 日「致陳新政暨南洋同志論組織中華革命黨之意義」及 1914 年 7 月 29 日「致南洋洪門同志論中華革命黨以服從黨魁為唯一條件書」。

「修改章程之說明」時說：

> 「我這三民主義、五權憲法，也可以叫做『孫文革命』。所以服從我，就是服從我所主張的革命。服從我的革命，自然應該服從我。當時（指民初）許多人民反對我把個人做主義去辦黨，不知黨本是人治，不像國家的法治，……綜而言之，黨用人治的長處很多，人治力量乃大。」[107]

我們從中山先生這一句話，可知他是認為實行三民主義革命是不可沒有領袖的，領袖與主義是分不開的，沒有領袖，主義必然落空。為了進行三民主義革命，黨員應服從領袖，因為領袖即是主義的化身。

不過，在此又有一個問題值得討論，那就是如果「主義」很好，而「領袖」不好時，怎麼辦？「領袖」會不會忽視了「主義」的精神，而走向專斷獨行的路線，若然不是成了新的獨裁者了嗎？革命的理想不也就落空了嗎？因之，吾人認為「領袖」的個人條件至為重要。一個政黨不論是革命黨或民主政黨的領袖，必須是全黨同志多數支持擁護的人，各級組織的領袖也必須是各該組織成員多數支持的人。他本身必須具備學識、經驗、人格、器度、健康、能力與奉獻精神等等的卓越條件，庶足以領袖群倫，達成政黨目標。當然，中山先生在民初未能發揮領導作用，主要因為當時的環境係

107.同註 102。

甫從專制社會解放，人人以自由平等為尚，而忽略了「領袖」這個要素對革命建國之重要性的基本認識所致。

上引資料，中山先生所稱之「人治」是什麼呢？吾人認為即是領袖與黨員間及黨員與黨員間之倫理關係，也即是「患難與共」的革命感情關係，為了實現黨之主義，必須有領袖起而作為團結的中心，才能「鞏固龐大之結合力」。如把黨員比作三合土，那麼領袖就是鋼筋，沒有鋼筋，光有三合土也凝結不成堅牢的建築材料。所以他說：「我們要造法治國家，只靠我們同黨人的心理。黨之能夠團結發達，必要有二個作用：一是感情作用，二是主義作用；……」[108]

（四）**黨綱**──中山先生說：「政黨出與人爭有必具之要素，一黨綱，一黨員之行為正當。」[109]又說：「政黨之性質非常高尚，宜重黨綱，宜重黨德，吾人宜注意此點，以與他黨爭勝。」[110]足見他非常重視「黨綱」與「黨德」，茲先說明「黨綱」。

所謂黨綱，即是黨的政綱，為政黨對國民所標榜的政治綱領及實行方法。但是他認為：

> 「政綱和主義的性質本來是不同的。主義是永遠不能更改的，政綱是隨時可以修正的。但是修改的時期，最少都要一年。……本黨黨員，從前看見政綱有不對的地方，做事就立刻和政綱相矛盾，這是本黨自

108.《國父全書》，頁886「修改章程之說明」。
109.《國父全書》，頁557，1913年1月19日「政黨宜重黨綱黨德」。
110.同上。

亂的大毛病，此後大家必須要除去這個毛病。……以後縱然看見政綱有不對的地方，或者中途得到新見解，或者有特別聰明的人，一時發見政綱中有不合理的地方，都不可以自作自為。如果一二人自作自為，便是亂了全黨的一致行動。」[111]

由這一段話，我們知道中山先生的意思是，政綱是可以修改的，但是儘管可以修改，卻不可以自作自為。在什麼情況下修改？如何修改呢？他說：「除非遇了很重大事情，對於政綱是發生根本變動的，我們臨時才可以召集特別大會去修改。」[112]何以要如此慎重呢？他說：「因為預定了一定時期，大家進行的步驟，才有秩序，不致紊亂。」[113]足見中山先生重視黨綱之一斑！如同盟會成立時之政綱為 1.驅除韃虜 2.恢復中華 3.建立民國 4.平均地權。[114]而民初國民黨之政綱為 1.保持政治統一，2.發展地方自治，3.厲行種族同化，4.採行民生政策，5.維持國際和平[115]。1924 年 1 月「中國國民黨第一次全國代表大會宣言」中不但提出黨的主義，也提出黨的政綱，包括對外政策七條，對內政策十五條[116]，都是隨著時代背景與政治環境的不同而改變的！

然則，黨綱何以重要呢？1912 年 8 月 13 日「國民黨宣

111.《國父全書》，頁 966-967。1924 年 1 月 30 日第一次全國代表大會致閉會詞。

112.同上。

113.同上。

114.《國父全書》，頁 393，1895 年 7 年「中國同盟會軍政府宣言」。

115.《國父全書》，頁 398，1912 年 8 月 13 日「國民黨組黨宣言」。

116.《國父全書》，頁 316。

言」中說：

> 「黨有宗旨，所以定眾志，吾黨以求完成共和立憲
> 政治為志者也，故明其義曰鞏固共和，實行平民政
> 治，眾志既定於內，不可不有所標幟於外，則黨綱尚
> 焉。」[117]

又 1913 年「國民黨政見宣言」中說：

> 「夫今日政治現象，既錯亂而無頭腦，而國民意思
> 亦無系統條理之可尋，則建設良政治之第一步，首宜
> 提綱挈領，發為政見，公布天下，本此綱領而為一致
> 之進行，則事半功倍之道矣。」[118]

由以上兩段文字，吾人可以說，黨綱之作用是：

(1)對內懸為工作目標，用以策勵同志，使黨員之奮鬥有
一個明確而集中的鵠的！庶幾不致使黨員之努力成為「無的
放矢」，沒有意義！

(2)對外舉為鮮明標幟，用以號召國民，使大家對本黨之
政治主張和建設藍圖有個正確的認識，進而支持我之主張，
藉以減少阻力，加強助力，完成黨的任務。

故中山先生說：「其影響及於國家政治至遠且大。惟是
政黨欲保持其尊嚴之地位，達利國福民之目的，則其所持之

117.同註 115。
118.《國父全書》，頁 511，1913 年「國民黨政見宣言」。

政綱，當應時勢之需要，以合乎世界之公理。」[119]他對民初國會議員之選舉獲勝，亦認為是「黨綱」之作用，1913 年 1 月 19 日在上海國民黨茶話會演講時說：「本黨未嘗以財力為選舉之運動，而其結果，猶能得如此勝利，足見本黨黨綱，能合國民心理。」[120]是以他曾勉勵黨員同志要遵照黨綱以行事，不可違背黨綱所揭櫫的公理說：

> 「夫當專制時代，革命時代，革命黨犧牲生命財產，以與專制之清廷政府抗，破壞之功，不久告竣。今吾人組織大政黨，以從事於建設事業，而國民亦贊成之。國民之所以贊同者，信仰吾黨之人乎？非也，以吾黨所持的政綱能合乎公理耳。既然矣，則吾黨之士，宜堅其信心，持以毅力，以遵守此公理。且照此公理，勇猛精進以行之。政綱者，則吾黨所藉以為公理之表現者也。行不違乎政綱，斯不悖乎公理，而後乃不負國民之同意，且不負先烈犧牲生命，以創造中華民國之苦心也。」[121]

嗚呼！諄諄之言，語重心長，宛然在耳，凡國民黨人豈可不戒慎者乎？

然則，黨綱的制定有什麼標準？1913 年 1 月 12 日他在國民黨上海交通部懇親會演講時說：

119. 《國父全書》，頁 556，1913 年 1 月 12 日演講「黨勢之盛衰全視黨員智能道德之高下」。
120. 《國父全書》，頁 556，「政黨宜重黨綱黨德」。
121. 《國父全書》，頁 576，1913 年「國民月刊出世辭」。

> 「黨勢之大小不必問，祇須問吾黨所主張之政策，
> 及平日行動之能否合乎公理，能否與時勢相應。果所
> 抱之政策正大明確，且得一般國民之贊同，雖千難百
> 折，必可望最後之戰勝。」[122]

可見黨綱之制定，必須合乎公理且能與時勢相因應，要稍具
彈性，不能太呆板的！1912 年 8 月 13 日「國民黨組黨宣言」
中亦言：「綱領略備，若夫條目，則當與時因應，不克固
定。」這是我們所必須謹慎注意的！

　　Ribicoff 與 Newman 在其所著《Politics: The American
Way》 一書中說：

> 「凡是很多人支持的主張，政黨也不會不予重視，
> 選民多數所持的新見解、新主張，各國政黨常能夠修
> 正它過去的立場，來適應新的需要，否則的話，墨守
> 無人擁護的老套，它有何益？難道是寧願在選舉中失
> 敗嗎？」[123]

但是儘管如此，世界上也確有若干政黨，不管支持它的人多
麼少，它仍然堅持其固有的主張，例如美國社會主義勞動黨
（Socialist Labor Party）和社會主義工人黨（Socialist Workers
Party），它們也提名候選人競選總統及其他公職，它們也有

---

122. 同註 119。
123. 陳國新譯：《美國的政治方式》（臺北：新亞出版社，1972 年 12 月二
　　版）頁 72。

它們的政策和主張，哪怕全美沒有幾個人贊成而每次競選都註定失敗，但這兩個黨還固守一貫的立場和主張，一成不變[124]。一個政黨固然不可沒有崇高的理想與遠大的目標，但其政綱不宜與現實距離過遠，否則難免徒勞。政黨的政見能與民眾的意見相合，必然成功，相離則必然失敗！而如何促使政黨標榜的政綱政策付之實現，事實上才是頂重要的！浦薛鳳教授認為：

> 「一個政黨，組織固然重要，如何推定候選人固然重要，而其能否大公無私，推行其政綱政策，使觀念化為現象，俾能獲得民心，蔚成勢力，這才是最重要的關鍵。英美等民主國家政黨之所以成功，要在其能將標榜的主張，繼續努力，逐步實現。」[125]

浦氏這些話，正與中山先生之思想切合。吾國政府今日在國民黨執政下，正著力於各種建設，這正是實行三民主義的體現，也是對人民的有力號召！

（五）**黨德**——中山先生對「黨德」之重視尤過於「黨綱」。他說：「國民黨之主旨，首在注重黨德。」[126]又說：「所持之政綱，當應時勢之需要，以合乎世界之公道；而政黨自身之道德，尤當首先注重，以堅社會之信仰心。此徵諸

---

124. 同上，頁 72-73。
125. 浦薛鳳：《政治論叢》（臺北：正中，1967 年 9 月 2 版）頁 289，「民主國家的政黨與政府」。
126. 《國父全書》，頁 528，1912 年 8 月 25 日下午 1 時在北京國民黨成立大會演講「解決民生問題」。

各文明國之黨史，莫不如是。」[127]然則，什麼是「黨德」呢？吾人認為中山先生的意思，大抵可分為兩方面，即(1)黨員修養方面，(2)黨際關係方面。茲分別說明之：

(1)黨員修養方面——在黨員個人的修養方面，包括智能道德和團結精神。

先談「智能道德」，中山先生說：「損人利己，乃能發財成功者：我黨人不為也。我黨人須人人發財始為成功。」[128]這句話說明黨人應有的操守是公德心和公利心。又 1913 年 10 月 12 日他在國民黨上海交通部懇親會演講時曾言：

> 「政黨之發展不在乎勢力之強弱以為進退，全視乎黨人智能道德之高下，以定結果之勝負。使政黨之聲勢雖大，而黨員之智能道德低下，內容腐敗，則安知不由盛而衰。若能養蓄政黨應有之智能道德，即使勢力薄弱，亦有發達之一日。」[129]

由這一句話，可知真正影響政黨興衰的不是表面的勢力之強弱，而是黨員本身之條件，如果黨員人人有廣博的知識和優越的工作能力，再加良好的道德修養和犧牲精神，則黨的勢力終必發展起來。1923 年 10 月 15 日他在廣州中國國民黨懇親大會演講：「黨員不可存心做官」時，曾痛心的陳述：黨內的人格太不齊，黨員心理只求做官，實在失去黨員的真精

---

127. 《國父全書》，頁 556，同註 119 演講。
128. 《國父全書》，頁 946，1923 年 12 月 9 日，在廣州大本營演講「軍隊戰勝與黨員奮鬥」。
129. 同註 119。

神！他說：

> 「本黨政府，此刻建設在廣東，在這個政府所管轄
> 之地，國內人民，加入本黨者，寥寥無幾。……原因
> 就是在本黨分子，此刻過於複雜，黨內的人格太不
> 齊，令外人看不起，所以外人都不情願加入，幫助本
> 黨來奮鬥。譬如許多黨員總是想做大官，如果是得志
> 的，做了大官，便心滿意足。這些黨員的心理，以為
> 達到了做官的目的，革命事業，便算了結一樣。若是
> 不得志的，不能做大官，便反對本黨，去贊成敵黨。
> 至於熱心黨務，真正為本黨主義去奮鬥的，固然是很
> 少，但是大多數黨員，都是以加入本黨為做官的終南
> 捷徑。因為加入本黨的目的，都是在做官，所以黨員
> 的人格便非常卑劣，本黨的分子便非常複雜。」[130]

當時的黨員心態如此，黨之前途自然受影響，故他接著說：
黨員的精神「就是能夠為主義去犧牲，大家為黨做事，事無
大小，必須持以毅力，徹底做成功。平日立志，應該想做大
事，不可想做大官，如果存心做大官，便失去黨員的真精
神！」[131]揮筆至此，不禁想起往事，某日，友人某君曾語余
曰：「要做大官才能做大事。」是則吾人可以申論此一問題
矣！即到底「做大官」與「做大事」兩者有何不同？或兩者
有何關係？根據中山先生之意，所謂「做大官」似指掛個官

130. 《國父全書》，頁929，1923年10月15日演講「黨員不可存心做官」。
131. 同上。

品名位過癮而不做事的人，或者把官位看得比工作還重要的人。這類人自私心虛榮心重於公德心榮譽心，自然不可能為黨去衝鋒陷陣，亦不可能為主義去犧牲，做事則怕出錯，故而事事不能徹底做成功，乃事之必然。所謂「做大事」似指不管有無品位，不管官職大小、責任輕重，但願將個人職責範圍，持以毅力，徹底負責做好為止。這類人公德心責任感重於私人名利心，當然是有擔當的人，比較可能去為主義而犧牲；為國家前途和百姓福祉而奮鬥。吾人直以兩者之差異，端在一念之間而已，某君之言要非未能理解中山先生之本意乎？而況今日實不應再以「服公職」為「做官」，蓋「服公務者」皆已成為人民之「公僕」──「公務員」矣！

其次，談「團結精神」。中山先生曾說：「一致行動就是黨員的好道德。」[132]又說：「欲以一黨謀中國之幸福，先須各黨員淬勵其互助之精神，而導之向於同一之目標。」[133]這些話顯然表示團結精神是黨德的要素之一。1924年1月30日他在廣州中國國民黨第一次全國代表大會致閉會詞時勉勵黨員同志說：

> 「本黨黨員從前常有自以為是的，便要獨斷獨行，所以弄到全黨的精神，非常渙散，革命事業，不能成功。以後要我們革命事業完全成功，便要大家一致行動，固結精神。自根本上講起來，革命事業，是大家

---

132. 《國父全書》，頁967，1924年1月30日，在廣州中國國民黨第1次全國代表大會致閉會詞。
133. 《國父全書》，頁747，1917年雜著「澳洲國民黨懇親大會紀念」。

的事，不是一個人的事。既是大家的事，必要大家同心協力，才可以實行。如果不能同心協力，便永遠不能實行。」[134]

如何才不致「獨斷獨行」呢？這就須領袖發生功能，而要領袖發生功能，則必須黨員有服從領袖的美德。1914 年 4 月 18 日在日本組織中華革命黨致鄧澤如的函件中說：

> 「至此次組織，其所以必誓服從第一人者，原第一次革命之際及第二次之時，黨員皆獨斷獨行，各為其是，無復統一。因而失勢力誤時機者不少，識者論吾黨之敗，無不歸於渙散，誠為確當。……可知不統一服從，實無事不立於敗衄之地位。」[135]

這是指討袁之役失敗，實由於黨員未能用命，以致舉發過遲之故。是以，中山先生認為黨員參加「革命黨」，要能完成事功，則必須團結精神，行動一致，才算具備黨員之黨德。而吾人認為即使是憑和平選舉取得政權的「民主政黨」之黨員，也應具有行動一致的團結精神，庶能在選戰中取勝。

　　(2)黨際關係方面──所謂黨際關係，即政黨與政黨間之關係。國家政治要能進步，必須國內各政黨互相引為益友，政爭既是為國家利益而非為私家權位之爭，則良好的黨際關係誠為各政黨所宜抱持之崇高信念！中山先生是一位以國事

134.同註 132。
135.《國父全書》，頁 520。

為重的大革命家和大思想家，在這方面的遺教甚多。他說：政黨「求勝之方法須依一定之法則，不用奸謀詭計，是之謂黨德。如但求本黨之勝利，不惜用卑劣行為，不正當手段，讒害異黨，以弱本黨之敵，此種政黨，絕無黨德。」[136]他認為政黨間「須化除畛域，毋歧視異黨，毋各持黨見。」[137]應「互相勉勵，各謀進行，對於今後民國前途，獲益非鮮。」[138]易言之，各個政黨應把國家之利益放在黨的利益之上，「宜以謀國家之公利為前提，不可以一黨之私見相爭。」[139]民國初年，政黨勃興，中山先生皆一本平等友愛之心相待。1912年10月15日至17日在上海中國社會黨演講「社會主義之派別及批評」時說：

> 「中國社會黨，發生於民主政體之下。夫民主政體之政治，一人民政治也，社會黨既集民主政體下之人民，尤不應無政治上之活動，則今日社會黨亟宜組成強有力之政黨，握政治上之勢力，而實行其社會主義之政策者，實鄙人所深望也。」[140]

當時的中山先生為國民黨領袖，因他寄望於「政黨政治」實行成功，故對其他政黨凡贊成共和者，一律以友黨待之。

---

136. 《國父全書》，頁562，「政黨之要義在為國家造幸福為人民謀樂利」。
137. 《國父全書》，頁528，1919年8月25日，同註126演講。
138. 《國父全書》，頁486，1912年4月18日，在上海自由黨演講大意。「政黨有互相監督互相扶持之責」。
139. 《國父全書》，頁540，1912年10月5日，演講「國民黨當以全力贊助政府」。
140. 《國父全書》，頁544。

1913 年 2 月在日本橫濱華僑歡迎會演講：「政黨與政府之重要關係」時說：

> 「今日之共和黨，其所立之黨綱，乃贊成五族共和，又謂謀國家前途之速進，與人民之幸福，正與我黨之主義國利民福相同，故我黨不可不引為益友。又不但共和黨者，我正引為益友，至凡贊成共和者，我同人亦當相與為良朋。」[141]

1913 年 3 月 1 日在國民黨東京支部、共和黨東京支部、廣東同鄉會聯合歡迎會中演講：「政黨之要義在為國家造幸福為人民謀樂利」時說：

> 「凡一政黨欲求發達求長久，必須黨員明白黨義，遵守黨德，不可用欺騙手段逸出範圍之外。大家一勝一敗，均屬心滿意足，絕無怨尤。縱有失敗，必須退而自反。政策之不能施行，必思有以改良之，手段之不合國民要求，必思有以變更之，務使有得勝之一日。愈研究，愈進步；方能謀政黨之進行，方能謀國家之發達。倘使喪失黨德，則國家前途，無限危險。」[142]

他所謂「無限危險」應係指可能發生流血內戰之意！「黨德」實各政黨應遵守之規範，一如人與人之間應遵守之禮節，

106

---

141. 《國父全書》，頁 558。
142. 《國父全書》，頁 562。

尊重自己也應尊重別人。否則人人想騎在他人頭上，天下不大亂者幾希？

是以，中山先生說：黨爭可以有，但「黨爭有一定之常軌，苟能嚴守文明，不為無規則之爭，便是黨德。」[143]他非常重視黨德。因此，在1913年3月1日在東京之演講中，曾勉勵國民黨與共和黨兩黨留學生，「和衷商榷，講求政黨應有之道德，研究政黨應用之方針，以為內地政黨之規範。令全國人民人人具有此種道德，具有此種思想，則中華民國之政治可以立見發達，中華民國之基礎可以日益鞏固，中華民國之國勢亦可以蒸蒸日上，凌歐駕美而上之。」[144]憑這些話，吾人確認中山先生為超黨派之中國偉人。

總而言之，在民主文明社會，政黨與政黨間之關係是朋友而非仇敵，「對於他黨，除商榷政見而外，一切意氣之爭，匪特非所必要，且足損政黨之榮譽。」[145]但是，吾人應記取：對於世界上企圖奴役人類的任何極權政黨，中山先生此語應不能適用之。

（六）**黨紀**——因與「政黨之組織」頗具密切關係，特併合本章第五節討論。

（七）**黨費**——政黨活動在在需要經費，如職員的薪給、宣傳及競選活動皆非錢莫辦，更不必說革命黨要以武力推翻腐朽政權了。如無經費則政黨之存在必成問題，故關於

---

143. 《國父全書》，頁565，1913年3月13日演講「黨爭乃代流血之爭」。
144. 同註135。
145. 《國父全書》，頁556，1913年1月12日演講「黨勢之盛衰全視黨員智能道德之高下」。

政黨經費之來源，亦深為研究「政黨政治」之學者所注意。英國工黨之經費除由工會及合作社捐輸外，少部分出自黨員所繳的黨費；而保守黨則依賴富有黨員及其他同情者的捐助，年輕及清寒黨員常因不能負擔競選經費而未能獲提名為候選人，可見候選人與政黨經費發生密切關係。在民主國家如黨員為了爭取替黨國服務的機會，而必須以金錢財貨為條件的話，這與中國歷代專制朝廷末世經常發生賣官鬻爵的現象有何不同？吾人認為清寒俊秀之士無法出來為國效勞，這是政黨政治的隱憂！蓋如黨費來源多數出自富商的捐款，則這少數富商極可能操縱政黨政策，對政黨政治應具有的民主精神必然發生不良影響！為此，美國法律才規定限制每人捐輸的金額[146]。至於一黨專政國家，大抵認為黨國合一，黨即是國，國也就是黨，當然黨費之大部分來源也只有出自政府國庫，在這種情況之下，政黨的經費與政府的經費就搞不清楚了。

關於黨費的問題，中山先生的看法如何？1919 年有一位在廣州的幹部，名叫陶森甫，寫信給中山先生謂擬擴大籌辦黨務，請國民黨總部補助黨費。3 月 13 日中山先生覆函曰：

「籌辦黨務，擴充進行，甚為欣慰。至補助黨費一節按之各國慣例，凡有結社集會其分部經費概取給於黨員，總部經費概取給於分部。蓋合黨員之多數而成一分部，合分部之多數而成總部，總部以分部為基

---

146. 鄒文海：《各國政府及政治》（臺北：正中書局，1961 年 10 月初版）頁 54-55。

礎，分部以黨員為基礎，此一定之理也。若分部不以經費供給總部，反欲經費供給分部，則總部何以籌措乎？吾國黨員向於此種理解，未能瞭然，故未免時有本末倒置之嫌，實為大誤。望兄等以此意轉達同人，至此間經濟近實異常困難，愛莫能助，尚冀諒之。」[147]

我們從這一封信，可知中山先生革命處境的艱難！事實上，革命事業必須合有志者之心力與財力，也就是如俗語所說：「有錢出錢，有力出力」的大眾事業，光憑革命黨員繳納的黨費收入是無法幹革命事業的！故喚起民眾，結合民眾的力量是唯一途徑。我們從《國父全書》中，各時期中山先生給海內外黨員的函件，獲知向革命同志及同情革命的同胞或華僑籌款、籌軍餉之事，不勝枚舉；甚至有任命黨員為「總勸募員」或「籌款委員長」專負籌募捐款之責的史實[148]，可以得到強有力的佐證。於此我們又可知何以中山先生遺囑有言：「積四十年之經驗，深知欲達此（革命）目的，必須喚起民眾」的道理。至於普通政黨，平時活動及競選時經費支出浩繁，如無可靠來源，實亦不易發展黨務工作，吾人以為從有財力社會人士獲得捐輸固無不可，但如何不使經濟力量操縱政治力量，以及如何促進國民政治平等與經濟平等的均衡發展，實為政治思想家及政治家應深入思考的問題！

---

147. 《國父全書》，頁 643「覆廣州陶森甫論黨費應取給於黨員書」。
148. 《國父全書》，頁 589，1914 年 12 月 28 日「致鄧澤如改委為南洋各埠籌款委員長函」及頁 602，1916 年 3 月 19 日「任葉獨醒為宿務總勸募員函」。

第五節　政黨之組織

　　政黨之興衰與組織最具密切關係，如無健全組織，勢必無「鞏固龐大之結合力」，與人相遇，無不潰敗，故組織之目的即在「將一種散漫、游離之個體很精密的聯繫組合起來，成為一種強固牢不可破的整體，使能發揮其最高之力量，以達成其共同一致之目的」[149]，在任何競爭中打敗對方。而中山先生對其領導的政黨之所以未能及時親見革命成功者，吾人以為政黨組織不健全，實為重大原因。是以在他的政黨思想中，以關於組織與紀律之感觸與心得最值得我們注意。

　　吾人探討中山先生的政黨組織之觀念，不能忽略時代的因素，蓋他對組織的看法，是隨時代需要而改變的。在1912、1913年，期望實現「政黨政治」之階段，他的政黨組織的觀念是接近西方民主政黨之精神的！1913年3月1日在日本東京演講：「政黨之要義在為國家造幸福為人民謀樂利」時曾說：

　　　「人之入黨，其未入黨之始，必先察其黨之黨德如何？黨人行為如何？其黨所主張之政策如何？與我同志者，贊成之；與我異趣者，則不贊成之。全係自家心理上之採擇，無利益可貪無勢力可畏，並無情面可徇的。故今日入共和黨，明日入國民黨，今日在國民

---

[149] 談子民：《政黨論》（臺北：正中書局，1968年8月初版）頁12-13。

黨，明日在共和黨，祇要與自己所抱之宗旨相合，並非於氣節上有所損失，蓋極為尋常之事。日本政黨之黨員，時常變更，歐美各國，莫不如是，固毫無足怪。」[150]

此時，中山先生對於黨員與政黨之關係，認為是依據個人之宗旨為取捨，黨之政治主張與自己相合則加入，不合則退出，自由自在，並無法條可以約束，亦沒有感情因素在焉。中山先生這種看法，當然是正確的！但是在國家處境尚極為艱難，國民心理狀態尚極為懵懂，不習慣於西方民主之際，而對政黨組織抱這種進步觀念，再加上當時國民黨本身組織的渙散，黨人各自為政，毫無紀律可言，其無法對付北洋官僚與軍閥，乃事之必然。是以，在第二次革命失敗之後，他的組織思想立刻起了一百八十度的變化。1915 年 8 月 4 日「覆楊漢孫論統一黨權與服從命令書」中說：

> 「自第二次革命失敗後，弟鑒於黨事之不統一，負責之無人，至以全盛之民黨，據有數省之財力兵力，而內潰逃亡，敵不攻而自破。懲前毖後，故有中華革命黨之改組，立誓約，訂新章，一切皆有鑑於前車，而以統一事權，服從命令為主要。」[151]

可見討袁失敗，對他的政黨思想曾發生極重大的影響！

150. 《國父全書》，頁 562。
151. 《國父全書》，頁 594。

　　然則，何以當時國民黨員對政黨領袖如此缺乏服從之美德呢？吾人認為是與自由主義思想頗具關係。蓋「其時李協和、柏烈武俱在東京，李即以犧牲一己自由，附從黨魁為屈辱；柏烈武既受盟立誓，卒為人所動搖，不過問黨事。譚石屏之主張，略同於李。陳競存在南洋，弟（中山先生）前後數以書招之，亦不肯來。察此數人之言，大抵謂以黨魁統一事權，則近於專制；以黨員服從命令，則為喪失自由。」[152] 事實上，這是當時國民黨員不瞭解「自由」與「專制」等名詞的含義及組織之性質的緣故。中山先生認為：

> 「夫一國三公，祇足敗事，政治上專制之名詞，乃政府對於一般人民而後有之，若於其所屬之官吏，則惟有使服從命令而已，不聞自由意思也，故有言某國行政專制於其官吏者，此直不成名詞。而政權統一，與所謂專制政體，實截然兩事，不可同日而語。吾人立黨，即為未來國家之雛形，而在秘密時期，軍事進行時期，黨魁持權，統一壹切，黨員各就其職務能力，服從命令；此安得妄以專制為詬病，以不自由為屈辱者？」[153]

中山先生對「專制」一詞及組織之性質的闡釋，吾人觀乎此段文字，即可瞭然一斑！是以他鑑於過去「徒以主義號召同志，但求主義之相同，不計品流之純粹，故當時黨員雖眾，

[152] 同上。
[153] 同上。

聲勢雖大，而內部分子意見紛歧，步驟凌亂。既無團結自治之精神，復無奉令承教之美德；致黨魁有似於傀儡，黨員有類於散沙，迨夫外侮之來，立見摧敗；患難之際，疏如路人。」[154]之教訓，乃在重組「中華革命黨」徵求新黨員時，就開始注重黨員的素質，「首以服從命令為唯一之要件。凡入黨人員，必自問甘願服從文（中山先生）一人，毫無疑慮而後可，若口是心非、神離貌合之輩，則寧從割愛，斷不勉強。務以多得一黨員，即多一黨員之用，無所浮濫，以免良莠不齊。」[155]這是值得我們注意的一件事。此時的「中華革命黨」是秘密結社而非政黨性質，故徵收黨員已經從嚴。「凡進本黨者，必須以犧牲一己之身命、自由、權利而圖革命之成功為條件，立約宣誓，永久遵守。」[156]其誓曰：（一）實行宗旨，（二）服從命令，（三）盡忠職務，（四）嚴守秘密，（五）誓共生死。[157]

他還舉義大利政黨社會學家密且兒之觀點，向南洋諸同志說明革命黨員必須服從黨魁的道理：

> 「凡人投身革命黨中，以救國救民為己任，則當先犧牲一己之自由平等，為國民謀自由平等。故對於黨魁，則當服從命令；……義大利密且兒作政黨社會

154. 《國父全書》，頁 583，1914 年 6 月 15 日「致陳新政暨南洋同志論組織中華革命黨之意義書」。
155. 同上。
156. 鄒魯：《中國國民黨史稿》（臺北：臺灣商務印書館，1976 年 10 月三版）頁 166，中華革命黨黨章第 7 條。
157. 同上，頁 164。

學，謂平民政治精神最富之黨派，其日常事務，重要行動之準備實行，亦不能不聽一人之命令。可見不論何黨，未有不服從黨魁之命令者，而況革命之際，當行軍令，軍令之下尤貴服從乎！」[158]

但是中山先生多年的奔走奮鬥，在 1920 年的中華民國，他仍覺得「只有一塊假招牌」[159]，故呼籲國民黨「諸君要知黨事為革命原起事業。革命未成功時，要以黨為生命，成功後仍絕對要用黨來維持。」[160]希望「諸君切勿以為黨事無足輕重，⋯⋯如將黨辦得堅固，中華民國也就堅固了。」[161]從這些話可以證明，中山先生已從經驗中得到教訓──只有健全的組織，才能完成建設三民主義新中國的目的。因之，此時，他指示「辦事要義」三點，與黨人同志共勉：

1. 黨事重要，遇事就要辦理，萬不可稍有延滯，因為光陰比什麼都貴，一件事早一刻辦，就早一刻收效果。
2. 形式與精神並重，形式完備後纔能振起精神。
3. 要注意培養人才與延攬人才，將來種種事業非有多數的人才莫辦。[162]

可見，中山先生認為黨務要健全，必須注意工作效率，而且組織之形式要完備，精神才能振作，同時，還須注意人才的

---

158. 同註 154。
159. 《國父全書》，頁 883，1920 年 5 月 16 日在上海國民黨本部考績訓詞「要造成真中華民國」。
160. 同上。
161. 同上，頁 884。
162. 同上。

發掘和培養。

　　然而，由於國內軍閥的割據及國際勢力的入侵，至 1923 年的中國，仍是「變亂如故，人民之痛苦顛連，曾未稍減。」[163] 而國民黨之勢力亦未見增進，以發揮救國力量。這不得不使中山先生深入研究「過去黨務失敗之原因」[164]！經他研究之結果，認為殆有三端：

1. 黨中缺乏組織——「此蓋由於當日革命黨人多屬留學生，自由平等之見，深入腦中，以為黨員絕對自由，一切聯絡維繫之法，棄而不講，」他認為「吾人既為國民一分子又為本黨之一黨員，當犧牲個人之自由，以期國家之安全……國家尚不能獨立，故華僑之旅居外國者，多受外人壓制，因國家不自由，而個人之自由亦不能保，其害不既彰明較著乎？……革命黨只圖一己之自由，而不求公眾之自由，其弊亦由是也，……。」

2. 「革命軍起，革命黨消」謬論之影響——此說一起，「本黨黨員黃克強、宋漁父、章太炎咸起而和之，當時幾視為天經地義，故改組國民黨，……革命精神，由此消失。」

3. 「本黨之基礎未固」——「黨之基礎何在，在於軍隊（亦即沒有黨軍之故）。俄國革命黨能以一百英里之

---

163. 《國父全書》，頁 923，1923 年 2 月在廣東軍政人民歡迎會演講「欲救廣東宜從裁兵禁賭及改良吏治著手」。
164. 《國父全書》，頁 928，1923 年 10 月 11 在廣州國民黨黨務討論會訓詞「過去黨務失敗之原因」。

地，應十八面之敵，三數年間卒將內亂外患，次第戡
定者，因其軍隊全屬黨員故也。」

「……基於上述三種原因，故十年來黨務不能盡量發
展，觀之俄國，吾人殊有愧色，俄國革命十六年，其成績既
如此偉大，吾國革命十二年，成績無甚可述，故此後欲以黨
治國，應效法俄人，首須立遠大之眼光，不可斤斤於目前之
小利。」[165] 由這些話，吾人得知中山先生關於政黨組織之思
想，已傾向俄共之組織方法。認為：「我黨今後之革命，非
以俄國為師，斷無成就。」[166] 又說：「從前在日本雖想改組，
未能成功，就是因為沒有辦法。現在有俄國的方法以為模範。雖
不能完全傚效其辦法，也應傚效其精神才能學得其成功。」[167]
「大家應把黨基鞏固起來，成為一有組織的有力量的機關，
和俄國的革命黨一樣。」[168]……但也是由於這些話，頗使人誤
解，以為中山先生對中國政治制度主張採行俄式的「一黨專
政」，事實不然，容後討論。

總之，「在辛亥革命以前，吾黨黨員，非不奮鬥，但自
辛亥革命以後，熱心消減，奮鬥之精神，逐漸喪失，人人皆
以為辛亥革命，推翻滿清，便是革命成功，革命事業不肯繼
續做去。」這是革命未能成功之最大原因，也是中山先生認
為不能不設法重整革命組織之理由。是時，適有俄共之革命
獲得成功，中山先生認為頗可藉為模範，乃有改變中國國民

---

165. 同上。
166. 《國父全書》，頁 845，1924 年 10 月「致蔣中正成立革命委員會函」。
167. 《國父全書》，頁 966，1924 年 1 月 25 日在第 1 次全國代表大會演講
　　「政黨之精神在黨員全體不在領袖一人」。
168. 《國父全書》，頁 965，同上演講詞。

黨之組織，以嚴肅紀律，俾便壯大革命力量，以救苦難中國之想法。

故而，早在 1923 年 2 月中山先生由滬返粵，便下定決心改組黨務。11 月發表一篇改組宣言，說明改組之旨趣，認為革命「所以久而不能成功者，則以組織未備，訓練未周之故。」[169] 隨即任命臨時中央執行委員九人，候補執行委員五人，並聘俄人鮑羅廷為顧問，著手辦理廣州黨員嚴密登記，組織市黨部、區黨部、區分部，統一宣傳機關，籌設講習所，訓練各區分部執行委員等工作，而主要工作則為籌備第一次全國代表大會。1924 年 1 月 30 日發表中國國民黨第一次全國代表大會宣言。中山先生在 1 月 20 日大會開幕時曾致開會詞，說：

> 「我們以後，便要團結一致，都要把自己的聰明才力貢獻到黨內來，自己的聰明才力不可歸個人所用，要歸黨所用。大家團結起來，為黨為國，同一目標，同一步驟，像這樣做去，才可以成功。政黨中最要緊的事，是各位黨員有一種精神結合。要各位黨員能夠精神上結合：第一要犧牲自由，第二要貢獻能力。如果個人能夠犧牲，然後全黨方能得自由；如果個人能貢獻能力，然後全黨才有能力。等到全黨有了自由，有了能力，然後才能擔負革命的大事業，才能夠改造國家。」[170]

---

169. 《國父全書》，頁 757，1923 年 11 月「中國國民黨改組宣言」。
170. 《國父全書》，頁 960，「革命成功在乎革命黨員有團體」。

並指出此次改組的意義說：「此次改組國民黨，有兩件事，第一件，是改組國民黨，要把國民黨再來組織一個有力量、有具體的政黨，第二件，便是用政黨的力量，去改造國家。」[171]

至於改組之特色如何？吾人認為主要者有三：

（一）將過去的「總理制」改取「委員制」。以全國代表大會為黨的最高權力機關，大會閉幕期間，由中央執行委員會行使其職權。至其理由則以從前黨員均不守黨中的命令，各自為政，既無盲從一致信服之舊道德，復無活潑自由之新思想。二次失敗，革命竟期諸二十年以後。所以，總理不能不一身負起責任督促黨員進行革命，及今則青年湧出，人民程度增高，國民祇恨革命太遲，不嫌太快。故可以將革命責任分之眾人。使本黨不致因總理個人而興廢[172]。關於這個問題，中山先生於 1924 年 1 月 25 日在第一次全國代表大會中演講：「政黨之精神在黨員全體不在領袖一人」時亦曾說明：

> 「有人以此次由總理制改為委員制，覺得不大妥當，但須知彼一時，此一時。當前回大家灰心的時候，我沒有法子，只得一人起來擔負革命的責任，現有很多有新思想的青年出來了，人民的程度也增高起來了，……故此次改組，即把本黨團結起來，使力量加大，使革命容易成功，以迎合全國國民的心理。」[173]

171. 《國父全書》，頁 959，同上「開會詞」。
172. 鄒魯：前揭書，頁 436。
173. 《國父全書》，頁 965-966。

不過，黨員均以非總理督促不可，結果遂仍有總理之設，限於創行三民主義五權憲法之孫先生擔任之[174]，對黨的一切決議有最後的決定權。亦即各級（含中央）黨部採委員制，而於中央黨部之上又特設總理一人，總攬一切；可名之曰「民主集權制」（Democratic Centralism）的組織制度[175]。

（二）成立黨團。民眾組織，除有工人、農民、青年、商民、婦女各部，以專司其事外，復在秘密、公開或半公開之非黨團體，如工會、俱樂部、會社（公司）、商會、學校、市議會、縣議會、省議會、國會之內，由國民黨員組成黨團，擴大黨之勢力，並指揮其活動，務使民眾為黨化，國民黨立於民眾之上，為民眾謀一切之幸福[176]。易言之，使黨的力量與全國民眾相結合。

（三）嚴肅紀律。「大會認為一切黨員，皆有服從嚴格的黨內紀律之義務，此乃改組中各種重要問題之一。……雖然，吾黨欲達國民革命之目的，成群眾之政黨，則亦不能全賴此等黨員個人之自律精神，革命之群眾政黨，須有普及的、強迫的紀律。此等政黨之組織性質，本不能離紀律而存在，故紀律實為革命勝利之第一必要條件，大會以為國民黨之組織原則，當為民主主義之集權制度。……討論既經終了，執行機關既經決議，則凡屬黨員均有遵守此決議案或命令並實

---

174. 鄒魯：前揭書，頁 436-437。
175. 鄒魯：《中國國民黨史略》（臺北：臺灣商務印書館，1965 年 10 月二版）頁 119-120，又俄共組織原理叫「民主集中制」，西人仍譯為 "Democratic Centralism" 可參閱 Harold Zink, *Modern Government* (February, 1958) pp. 567-568.（臺灣翻印本）
176. 同註 174，頁 437。

行之義務。……欲求取得政權，實行三民主義，若無民主集權制的組織及紀律，則必不能勝利。無組織之政黨，等於無政府之先鋒隊，決不能為民族解放而奮鬥，故亦決其不成為政黨。」[177]

吾人認為中國國民黨之組織，倣效俄共組織之精神即在乎此，但是實質並不一樣，因為俄國共產黨乃是無產階級政黨，而中國國民黨，則為容納各階層之全民政黨，此不可不知也。1924年7月7日「中國國民黨關於黨務宣言」亦聲明：「本黨既負有中國革命之使命，即有集中全國革命分子之必要，故對於規範黨員，不問其平日屬何派別，惟以其言論行動能否一依本黨之主義政綱及黨章為斷，如有違背者，本黨必予以嚴重之制裁，以整肅紀律。」[178]

總之，中山先生認為民國成立十三年來，還沒有達到三民主義之目的，其原因一是由於辦法不完全；現在有好辦法，以促使組織之完全。二是由於黨員不能同心協力，一致行動；現在有新紀律，使黨員同志行動一致。國民黨改組後，以嚴格之規律的精神，樹立黨的組織之基礎，對於黨員，「用各種適當方法，施以教育及訓練，俾成為能宣傳主義，運動群眾，組織政治之革命人才。」[179]而且，「以俄國為模範，企圖根本的革命成功，改用黨員協同軍隊來奮鬥。」[180]此後，軍中

177. 鄒魯：《中國國民黨史稿》（前揭）頁 438-439。
178. 《國父全書》，頁 759-760。至於黨紀之規定，在總章的第 11 章，即 71、72、73 條，可參閱鄒魯，同上書，頁 440-441。
179. 《國父全書》，頁 316「中國國民黨第 1 次全國代表大會宣言」。
180. 《國父全書》，頁 944，1923 年 12 月 9 日在廣州大本營演講「軍隊戰勝與黨員奮鬥」。

乃有黨代表之設置。這是國民黨改組後的新面貌。中山先生認為：「大家要希望革命成功，便先要犧牲個人的自由、個人的平等，把個人的自由平等，都貢獻到革命黨內來，凡是黨內的紀律，大家都要遵守；黨內的命令，大家都要服從，全黨運動，一致進行，只全黨有自由，個人不能自由，然後我們的革命，才可望成功。」[181]是以 1924 年 3 月 16 日乃通知任職黨員務須奉行主義策略與民同甘苦，並剴切說明黨與個人之關係曰：

> 「夫結合多數之同志以成黨，即應集中權力於黨，以約束多數之同志。故凡屬黨員，只有服從黨之行動，而無黨員個人之自由。只有以本身之能力貢獻於黨，以達黨之目的，斷不能反藉黨之能力以謀黨員個人之活動。蓋黨之成功即黨員個人成功。若各自藉黨以求黨員個人之成功，其結果必令黨受莫大之損失，而總歸失敗，是以在黨員個人亦無成功之可言，故犧牲黨員個人之自由，即所以保障黨之自由，集合多數黨員之能力，而成黨之能力，即為一黨成功之張本。反是未有不歸於失敗。」[182]

這一段文字，充分地說明黨員恪遵政黨組織紀律的重要性。事實上，關於政黨之組織的問題，即使在普通民主政黨，

---

181. 《國父全書》，頁 1010，1924 年 11 月 3 日在廣東對黃埔軍官學校告別詞「革命成功個人不能有自由團體要有自由」。
182. 《國父全書》，頁 875，1924 年 3 月 16 日「通告任職黨員務須奉行主義策略與民同甘苦文」。

亦有由少數人領導之傾向，何況有特殊任務的革命黨呢？薩孟武教授說：

> 「吾人須知政黨既是鬥爭團體，而鬥爭與民主未必能夠兩立。鬥爭需要領導，領導者不斷的訓練其黨員從事鬥爭，黨員受了領導的拘束，政黨紀律成為萬能。於是政黨雖採民主制度，結果亦必變成寡頭政治。因為組織對於被組織的群眾，常可發生一種作用，而使政黨分裂為兩個部分，即在黨員之中，少數人領導，多數人服從。領導者的權力是隨組織的嚴密，愈益增加，到了最後，領導者便變為主人，服從者則變為部曲。政黨愈發達，這個特質愈明顯。到處是黨員選舉領袖，到處是被選舉的領袖權力駕在選舉的黨員之上，這不但獨裁國家如此，便是民主國家亦莫不然。」[183]

但是，為了爭取民族獨立與國家自由，為了爭取政治民主與經濟平等，又不能沒有「組織」呀！Robert Michels 在其名著《*Political Parties*》一書中告訴我們說：

> 「民主政治而無組織，是不可思議的，……欲要求政治或經濟權利，組織實為創造集體意志之唯一方法，組織乃是基於最少努力之原則，亦即基於儘可能節約精力之原則，為弱者與強者鬥爭之武器。任何鬥

---

[183] 薩孟武：《政治學》（臺北，著者自刊，1960 年 9 月 4 版）頁 609-610。

爭，其成功之機會，將視相同利益的個體之間其進行
鬥爭時的團結程度如何而定。……吾人生活在互助觀
念已根深蒂固之時代，即使百萬富翁亦深知有共同行
動之必要。」[184]

吾人認為中山先生四十年革命行動的經驗，可以做為 Robert
Michels 其上述所言之真理的見證。是以，吾人之結論是：在
國家自由還沒有得到以前，有志爭取國家自由的人，在組織
之中，犧牲一些個人自由是值得的！

第六節　政黨之發展

本節所討論的「政黨之發展」，係指中山先生對政黨如
何才能真正擴展其勢力之看法，非指政黨成長之過程也。

1913 年 1 月 12 日中山先生在國民黨上海交通部懇親會演
講「黨勢之盛衰全視黨員智能道德之高下」時，曾舉推翻滿

---

184. Robert Michels (translated by Eden and Cedar Paul), *Political Parties: A So-cialogical Study of the oligarchical Tendencies of modern Democracy*. (Glencoe, Illinois: The Free Press, 1958) pp. 25-26. （原著為德文，第 1 版於 1915 年出版）

"Democracy is inconceivable without organization.--Be the claims economic or be they political, organization appears the only means for the creation of a collective will. Organization, based as it is upon the principle of least effort, that is to say, upon the greatest possible economy of energy, is the weapon of the weak in their struggle with the strong.

The chance of success in any struggle will depend upon the degree to which this struggle is carried out upon a basis of solidarity between individuals whose interests are identical.

We live in a time in which the idea of co-operation has become so firmly established that even millionaires perceive the necessity of common action."

清成功之例子，來說明決定政黨力量的關鍵因素。他說：

> 「政黨之發展不在乎勢力之強弱，以為進退，全視
> 乎黨人智能道德之高下以定結果之勝負。……例如前
> 清時代，吾革命黨勢力甚微，國人附和清政府者甚
> 多，祇以同志諸公，抱定宗旨，誓死不變，吾黨主張
> 之理論，又適應乎社會之需要，故不及十年，舉前清
> 雷霆萬鈞之壓力，一掃而去之。」[185]

革命黨勢力甚微，何以能鼓動風潮，造成時勢，終於推動滿
清專制政權呢？主要原因是①同志抱定宗旨，誓死不變，②
黨的理論適合社會需要。因得以劣勢轉為優勢，掃除前清的
重大壓力。顯然，此一史實可以說明政黨之發展實有主觀與
客觀兩個因素在焉！主觀因素在黨員自己，黨員而人人有為
黨之主張誓死奮鬥之決心，則黨的力量自可壯大起來；客觀
因素在民眾，如何爭取民眾的向心力，這是絕對重要的一件
事。中山先生所言，理論適應乎社會需要即表示：黨的主張
與民眾之需求一致。一個政黨具有適合民眾需求的主義或政
治主張，當然，可以獲取民眾的向心。然而，無論主觀與客
觀因素，均為黨員本身之條件所決定。什麼條件呢？智能與
道德。黨員而有智慧能力，當然就能提出卓越而合乎時宜與
眾利的政治主張；黨員而有道德勇氣，當然就有為此一主義
或政治主張而奉獻心力，甚至犧牲生命之決心。「吾黨而永

185.《國父全書》，頁556。

遠以公理為目的，則自得國民永遠之贊同。非然者，雖今日成功，後日亦必失敗。」[186] 一言以蔽之，政黨發展之先決條件為獲得民心。布克萊加州大學政治學教授 Leslie Lipson 有言：「一個為少數人服務的政黨，不可能贏得多數人的支持。」[187] 正是此義。

一個政黨要能發展成為多數人民所支持的政黨，先決條件既然必須獲得民心，然則，究竟如何才能獲得民心呢？吾人展讀中山先生之言論，得到不少啟示！茲分別說明之：

（一）**以德服人**──1921 年 11 月中山先生在梧州對國民黨員演講：「黨員須宣傳革命主義」時說：

> 「吾黨究竟何所恃而自存？又何所恃而服人，將謂恃兵力乎？非也，我們革命黨恃主義真理及道德而已，故吾黨以德服人，非以武力服人，大家要知武力實不足恃，惟德可以服人。如十年來廣西之陸酋（即陸榮廷），手握十餘萬之兵力，征服廣東、湖南、此次何以失敗至此，此可以證明武力之不可靠，而主義真理道德之為可靠也。故吾黨應以主義維持國家，不應再恃武力，此事不特中國惟然，全世界亦莫不皆然。」[188]

186.《國父全書》，頁 576，1913 年「國民月刊出世辭」。
187. Leslie Lipson, *The Democratic civilizaiton* (New York: Oxford University press, 1964) p. 330.
"A party devoted to a minority interest could not win majorities"
188.《國父全書》，頁 895。

其意，即表示政黨而想用武力來征服他人、征服民眾，那是絕不可能的！他說：「用主義來建國，萬萬里都是來朝的；用武力去征服人，近在咫尺都是反叛的。」[189]又說：「用武力去征服人，完全是假的，用主義去征服人那才是真的。」[190]何故呢？孟子曰：「以力服人者，非心服也，力不贍也；以德服人者，中心悅而誠服也。」[191]所以「吾黨想立於不敗之地，今後奮鬥的途徑，必先要得民心，要國內人民與吾黨同一個志願，要使國內人民皆與吾黨合作，同為革命而奮鬥。」[192]「蓋平等、自由、博愛、乃公眾之幸福，人心之所同向，無可壓迫者也。」[193]因此，中山先生認為：「保守地盤的方法是什麼呢？就是在得人心。人心一得，這個地盤便永遠歸我們所有，別人便爭奪不去。人心一失，這個地盤，便要歸別人所有，⋯⋯人心就是立國的大根本。」[194]所謂「人心」，依傅啟學教授的看法，「不是指個人的人性，而是指人群的共同心理和共同願望」[195]，他說：

> 「⋯⋯人心是人民的願望，能夠順應人民的願望，得到人民擁護的，就是得到人心。違反人民的願望，

189.《國父全書》，頁 963，1924 年 1 月 20 日晚在廣州歡宴中國國民黨第 1 次全國代表演講「主義勝過武力」。

190.《國父全書》，頁 944，1923 年 12 月 2 日演講「打破舊思想要用三民主義」。

191.《孟子・公孫丑上》。

192.《國父全書》，頁 936，1923 年 11 月 25 日在廣州大本營演講「國民黨過去失敗之原因與今後努力之途徑」。

193.同註 188。

194.《國父全書》，頁 930，1923 年 10 月 15 日在廣州講「黨員不可存心做官」。

195.傅啟學：《中山先生人性論與革命方略》（手稿），頁 17。

遭受人民反對的，就是失去民心。《孟子・離婁章》說：『桀紂之失天下，失其民也。失其民者，失其心也。得天下有道，得其民，斯得天下矣。得其民有道，得其心，斯得其民矣。得其心有道，所欲與之聚之，所惡勿施爾也。民之歸仁也，猶水之就下，獸之走壙也。』民之所欲，皆為致之，民之所惡，則勿施於人，就可以得人心，若使人民勞苦貧窮，怨恨不安，就是失去人心。……所以人心是立國的根本，是國家鞏固的基礎。」[196]

這些話是傅啟學教授闡釋中山先生何以把人心看做立國的大根本之道理。人心向背是成敗的關鍵，然則，如何始能得人心歸向呢？中山先生說：

「得人心的方法很多，第一是要本黨現在的黨員，人格高尚，行為正大，不可居心發財，想做大官，要立志犧牲，想做大事，使全國佩服，全國人都信仰。然後本黨的基礎才能夠鞏固，本黨的地盤，才能夠保守。第二，要諸君注重宣傳，教本黨以外的人，都明白本黨的主義，歡迎本黨的主義，然後本黨施行三民主義，便無阻力，便無反抗。……諸君把這個主義宣傳到全國，使全國人民都贊成，全國人民都歡迎，便是用這個主義去統一全國人民的心理。到了全國人民

196.同上。

的心理都被本黨統一了，，本黨自然可以統一全國，
實行三民主義，建設一個駕乎歐美之上的真民國。」[197]

可見，黨員本身「人格高尚，行為正大」實在是政黨發展先
決條件；然後，宣傳黨的主義，方能得到人民的贊同，人民
也自然支持本黨了，這就是「以德服人」。傅啟學教授認為
中山先生所說的辦法與孟子所說的辦法，只是時代背景不同
而已。孟子所說：「得其心有道，所欲與之聚之，所惡勿施
爾也。」的辦法，是在君主時代，要君主實施仁政，順應民
心。中山先生所說的辦法，是在民主時代，要本黨同志人格
高尚，行為正大，立志犧牲，要使全國人民都佩服，才可以
得到全國人民的同情。而得到全國人民的同情，就是得到人
心。可知中山先生一切主張都是合情合理切實可行的[198]。中山
先生還勉勵國民黨人說：「我們無論做什麼事，只要問心無
愧，憑真理去做，就是犧牲了，還是很榮耀。」[199]

（二）**注重宣傳**──中山先生認為政黨的發展只有以
「人民的心力」做基礎，為最可靠。何以故呢？早在 1916 年
7 月 15 日在駐滬粵籍議員歡迎會演講「中華民國之意義」時
就曾說過：

> 「欲民國之鞏固，必先建其基礎，基礎不必求，當
> 求諸全國國民之心中。若國民身受民權之庇護，識其

---

197. 《國父全書》，頁 930，同註 194 演講。
198. 傅啟學：前揭手稿，頁 19。
199. 《國父全書》，頁 931，同註 194 演講。

為無上光榮，則必出死力以衛民權，雖有拿破崙在國中，亦莫吾毒。」[200]

可見，民心是政黨成功的基礎，這個觀念，中山先生早就有了。然則，何以至中山先生逝世，革命目的迄未達成呢？原來是宣傳不夠。當時大多數人的心理，尚殘存著帝制舊思想。1923 年 10 月中山先生在廣州全國學生評議會演講：「學生要努力宣傳擔當革命的責任」時，對青年學生們說：

「為什麼十二年來人民都以為禍亂是革命產生出來的？中國大多數人的心理，『寧為太平犬，不作亂離王』，這種心理不改變，中國是永久不能太平的。因為有這種心理，所以樣樣敷衍苟安，枝枝節節，不求徹底痛快的解決，要曉得這樣是不行的。你不承認十二年的禍亂是革命黨造成的嗎？民意大多數卻承認是這樣的。」[201]

足見，當時三民主義革命思想，尚未深入人心，以致有「現在真命天子不出，中國決不能太平。」的說法[202]。為此，中山先生鼓勵青年學生們說：「學生是讀書明理的人，是指導社會的，若不能以先知覺後知，以先覺覺後覺，而苟且從俗，隨波逐流，那就無貴乎有學生了。」[203]

---

200. 《國父全書》，頁 705。
201. 《國父全書》，頁 925。
202. 同上。
203. 同上。

1923 年 1 月 2 日中山先生在上海中國國民黨改進大會上演講時，曾特別強調「宣傳」之重要性。他說：

> 「黨的進行，當以宣傳為重。宣傳的結果，便是要招致許多好人來和本黨做事。宣傳的效力，大抵比軍隊還大。古人說：『攻心為上，攻城為下。』宣傳便是攻心。又說：『得其民者，得其心也。』我們能夠宣傳，使中國四萬萬人的心都傾向我黨，那便是大成功了。」[204]

又說：

> 「我們要曉得，宣傳這種武器，折服一人便算得了一人，傳入一地便算有了一地。不比軍隊奪了城池，取了土地，還是可被推翻的，還是靠不住的。所以我們要對宣傳切實來下一番工夫。」[205]

1923 年 12 月 30 日在廣州對黨員演講時說：

> 「自清朝推倒了以後，我們便以為軍事得勝，不必注重宣傳，甚至有把宣傳，看做是無關緊要的事，所以弄到全國，沒有是非，引出軍閥的專橫，這是我們不能不負責任的。現在我們要再圖進步，希望我們的革命主義，完全成功，便要恢復武昌起義以前的革命

---

204. 《國父全書》，頁 919「黨務進行當以宣傳為重。」
205. 《國父全書》，頁 919-920，同上演講。

方法——注重宣傳。」[206] 又說：

> 「革命成功極快的方法，宣傳要用九成，武力只可用一成，我們國民黨這幾年用武力的奮鬥太多，宣傳的奮鬥太少。此次改組，注重宣傳的奮鬥，便是挽救從前的弊端。」[207]

吾人從中山先生之演說，得知中國革命未能徹底成功，實由於宣傳不夠，國民未能普遍理解三民主義之真精神進而同情革命黨所致。易言之，即是當時尚未能得人心。是以，儘管連年征戰，卻反而落得使國人誤以為禍亂是革命黨造成的！豈不可嘆？故而，1924 年國民黨毅然改組，其唯一目的，即在「不單獨倚靠兵力，要倚靠吾黨本身力量。所謂吾黨本身力量者，就是人民的心力。」[208] 此後國民黨乃轉而注重黨內組織的健全以及對國民進行大力的宣傳工作，藉以獲取民心。將「人民的心力」視為發展政黨力量的基礎，實在是國民黨劃時代的大改革。

中山先生為策勵國民黨各同志益加奮勉起見，在 1924 年 3 月 16 日，以中國國民黨中央執行委員會主席之名義公布的「通告任職黨員務須奉行主義策略與民同甘苦文」中，標明三件大事，俾便任職黨員有所遵循，曰：

206.《國父全書》，頁 951「國民黨奮鬥之法宜兼注重宣傳不宜專注重軍事」。
207.同上。
208.同註 192。

「第一、嚴守本黨主義。本黨第一次全國代表大會宣言，已證明實行三民主義為中國唯一之生路。本黨總理歷次演講，對此加以鄭重闡明。各同志之任職於黨政府之下，對於主義之宣傳與運用，須加倍努力，使本黨成為革命民眾之根基。

第二、實行本黨策略。本黨所定對外政策凡七事，對內政策凡十六事，既係條張目舉，準備實行，任職黨員握有權位，當奮全力以赴之，庶幾代表本黨行動，以飫群眾所望。

第三、與民同甘苦。革命期間，須先有犧牲，以為取得成功之代價。今日黨政府之民眾，其所犧牲者甚鉅，然而不稍形離畔者，蓋期望於本黨良殷也。任職黨員，當如何刻苦自勵，以慰藉民眾，其有縱恣驕橫，尊養而優處者，已為民眾所棄，甚焉者藉黨營私，務充一己慾壑，固不獨騰謗民嚚，而使本黨失去信仰於民眾，徒供彼一人為府怨之具，此尤為本黨所不容者矣。」[209]

以上引述三義，蓋所以促各同志之醒悟，加倍努力宣傳與運用三民主義，來爭取人心之歸向！亦所以使國民黨發展成為一有組織有力量之政黨，以擔負國民革命之重大使命！

於是，1924 年 7 月有「宣傳講習所」之設立，中山先生在開學典禮上演講「言語文字之奮鬥」時，曾談及宣傳的方

---

[209] 《國父全書》，頁 875。

法。他說：

> 「至於我們宣傳主義，不特是要人知，並且要感化民眾，要他們心悅誠服，⋯⋯我們要感化人，最要緊的，就是誠。古人說：『至誠感神』。⋯⋯所以『至誠』有最大的力量。⋯⋯能有誠心，便容易感人，能感化人，總可以把我們的主義宣傳到民眾，令民眾都同我們合作，革命自然可以成功。」[210]

中山先生此言，係指革命尚未成功之前，革命政黨應以至誠，去宣傳主義，感化民眾，民眾對主義發生信仰，則民眾之心必可歸向於我。但是，吾人認為，在革命成功以後，或在行政權力所及之地，最好的宣傳則為實踐。至於，一般普通政黨，當然也只有以促進國家利益、謀求人民福祉為奮鬥途徑，方能保證其生存與發展，否則終必被摒棄！

　　總而言之，對於政黨之發展，中山先生認為武力絕對不可靠，最可靠的是「人民的心力」！革命黨人應具備「人格高尚」、「行為正大」之條件，以至誠去宣傳三民主義，感化民眾，來爭取人心的歸向，這樣才能保證革命的成功，達成建國的目的。以此推論，民主政黨當然也只有以民眾的意志為意志，忠實地為民造福，才能贏得民眾的支持，達成本政黨執政，實現本政黨的政治主張之目的！

210.《國父全書》，頁997。

第七節　政黨之制度

　　政黨為民主政治之產物，故民主國家大率皆有政黨，但縱觀近代世界各國政治制度，吾人發覺，有政黨的國家卻不一定民主。過去的納粹德國、法西斯義大利及之前蘇俄及其附庸共產國家都有政黨，可是其政黨制度之性質與一般所理解的政黨政治之意義並不切合。因為在一黨專政的制度之下，是不容許有異見存在的！他們儘管有政黨，而實際運行的，卻是極權統治形態的政治，與君主專制相去無幾。是以，中山先生認為「政黨政治，雖非政治之極則，而在國民主權之國，則未有不賴以之為唯一之常軌者」[211]而中外學者也一致認為，真正的民主政治，必須有兩個以上相對的政黨同時存在，始能實現。固然，民主政治並不是最好的政體，卻是比較安全的政體，而選舉或投票制度固然也不一定能夠宣達民意，拔舉優賢，但至少可以做為人民預防執政黨專斷的一個有效方法。所以，我們可以確認，民主政治比起世襲的君主專制或永久的獨裁政治為害較少，較可忍受一些！

　　在民主政治體制下，政治家由人民選舉，有志於公共事務的俊秀，為獲得民眾的普遍支持，必須參與政黨，並處處時時為民眾的福祉著想。如果經民眾所選出的政治人物不如理想，那就表示民眾的政治知識不足。蕭公權教授亦說：「民主國的政治家並不是由於神命，或出於世襲的特殊階級，

211.《國父全書》，頁397，1912年8月13日「國民黨組黨宣言」。

而是來自民間的民選人物，因此，一國政治家的優劣，必然是一般人民程度的反映。」[212]正是此義！

民主國家既然不能沒有政黨，然則，其政黨制度如何？除一黨專政可以不論外，近代政黨制度約可分為三種，即①一個主要政黨與若干小政黨共存制，如第一次世界大戰後的匈牙利、波蘭、羅馬尼亞等國家所採用的是，②兩黨制，如英美及其他英語國家所採用的是，③多黨制，如以前德法與若干其他歐陸國家所採用的是[213]。這三種制度各有利弊，容後討論，本節吾人請探究中山先生的主張。1912 年 8 月 13 日，中山先生在「國民黨組黨宣言」裏說：

> 「一國政黨之興，只宜二大黨對峙，不宜小群分立。方今群言紛亂，宇內紅擾，吾人尤不敢不有以正之，示天下以範疇。回顧茫茫，此尤不得不以此遺大圖艱之業，自相互勉者耳。爰集眾議，詢謀僉同，繼自今，吾中國同盟會、統一共和黨、國民公黨、國民共進會、共和實進會，相與合併為一。舍其舊而新是謀，以從事於民國建設之事，以蘄漸達於為共和立憲國之政治中心勢力，且以求符於政黨原則，成為大群，藉以引起一國二大黨對峙之觀念，俾其見諸實行。」[214]

---

212. 蕭公權：《迹園文存》（臺北：環宇出版社，1970 年 11 月 29 日初版）頁 313-314。

213. 崔書琴：《三民主義新論》（臺北：臺灣商務印書館，1972 年 10 月修訂十版）頁 235。

214. 《國父全書》，頁 398，同註 211「國民黨組黨宣言」。

顯然，中山先生是主張實行「兩黨制」的政黨政治。他這個主張，崔書琴先生認為是受英美兩國之影響[215]，吾人亦有同感。蓋中山先生青少年時代所受者為英美式教育，對英美事務亦較為熟悉，自然易受影響，以英美為「世界最完全政黨之國」。當時英國的兩大黨是自由黨和保守黨（今為工黨和保守黨）；美國的兩大黨是共和黨和民主黨。他對「英美兩國政黨爭持者，皆是極要問題。至於議院之議案，兩黨各以是非為依歸，不以黨見相傾軋」[216]的這種和平政治，似頗為欣賞。因為他革命之目的，在政治上，正是為了建立一個以民治為基礎的國家，要以全國同胞來做「皇帝」，避免每次政權轉移之時發生流血，造成無辜百姓生靈塗炭之苦痛。他是希望經他革命之後，能「一勞永逸」，把中國從這種悲慘的惡性循環之泥沼中拯救出來。故他勉勵共和黨人說：「現民國初成，吾願兩黨諸君，以英美先進國為模範。」依據公理從事和平競爭；「倘以公理為依歸，將來必有發達之望，若不以公理為依歸，雖人多勢眾，終必失敗，此一定之公理也。」[217]什麼是「公理」呢？即有益於國家社會之議案。只要議案有利於國家和人民，就應支持，不能為反對而反對。所以他說：「若黨中先有意見，提議一案，先聯屬黨員，私自運動，本黨提出之議案，雖知無益，亦必通過；他黨提出之議案，雖知有益，亦必反對；則此種政黨，純乎私見，必與

215.同註 213。
216.《國父全書》，頁 534，1912 年 9 月 4 日下午三時在北京共和黨本部歡迎會演講「民生主義與國家社會主義」。
217.同上。

國家無益。」[218]而失去政黨政治之意義。

　　當然，中山先生之意，是認為政黨制度只有在大家遵守法治，屬行共和之大前提下，才能運用的。如野心家想恢復帝制，或假共和面孔行專制之手段，則只有訴諸武力革命了。如 1923 年 11 月 25 日，中山先生在廣州大本營演講：「國民黨過去失敗之原因與今後努力之途徑」時曾說明因宋教仁案而討袁之理由說：「事已至此，只有起兵。因為袁世凱是總統，總統指使暗殺，則斷非法律所能解決，所能解決者，只有武力。」[219] 1917 年 7 月 19 日在粵省議會演講「談復辟黨」時說：「猶憶昔日宋教仁被害時，兄弟由日本返國，即主張興兵討袁，而各省則以為不可因一人而動天下之兵。不知政府犯法，國民有護法之義務，當然起而懲責政府。」[220] 又 1917年 7 月 17 日在黃埔公園歡迎會演講「爭回真共和以貫徹救國救民之宗旨」時說：「中國共和垂六年，國民未有享過共和幸福，非共和之罪也。執共和之人，以假共和之面孔，行真專制之手段也。故今日變亂，非帝政與民政之爭，非新舊潮流之爭，非南北意見之爭，實真共和與假共和之爭。欲爭回真共和，以求福利者；必須有二大偉力；其一為陸軍，其二為海軍。鄙人密察大勢，確知非得強大之海陸軍，為國民爭回真共和，則無以貫徹吾人救國救民之宗旨。」[221] 從以上中山先生之言論可知，民主政黨制度只有在真正的民主共和國，

218. 同上。
219. 《國父全書》，頁 937。
220. 《國父全書》，頁 714，「談復辟黨」。
221. 《國父全書》，頁 714，「爭回真共和以貫徹救國救民之宗旨」。

才能實現，而無法在君主專制國或虛偽的民主共和國進行的。這一點我們必須認識清楚。

是以，吾人認為中山先生起兵革命實不得已之事，他內心是主張實行民主的政黨制度的，只要執政者擁護共和，即可以和平方式來促進政治進步，故他說：段祺瑞「組織內閣，雖位置吾黨數人，實非弟之所欲，弟唯欲吾黨同人固結不解，純取監督政府主義，以俟時機，發舒吾黨之政策耳。」[222]又說：「弟夙昔秉性質直，二十年，祇知救國，不知其他。滿虜已除，中間復經袁逆之變，使國人流離顛沛，無所控告。……黃陂依法繼任，恢復約法，重集國會，弟即宣布罷兵，以示前之革命，志在護法，而非為利。黎能守法，則目的已達，應令各路軍隊，一律止戰。一方結合在野同志，取監督政府主義，一方籌措工商事業，以圖國利民福。」[223]由這兩段話，可以證明，即使袁世凱死後，中山先生還是主張實行英美式的政黨制度（一在朝執政，一在野監督的兩黨制）！所以 1918 年 2 月 22 日，他在「贊成李純和和平救國主張通電」中有言：「國亂經年矣！當列強環伺之時，為鬩牆煮豆之舉，苟有人心，豈應若是？特好治者人之天性，戰爭者不得已之行為，欲國家臻於治平，惟舉國一致尊重國法乃可。……蓋民主主義，為世界自覺國民信奉之正義，議院政治，為近代國家共由之正軌。民國肇造之基，實建於此。操政權者，苟能尊重民國之國本，則其政治生命可全，反是則未有

---

[222]《國父全書》，頁 608，「通告國內外同志之兩書」。
[223]同上。

不踏者。……文素以博愛為信條，平和本屬初志，此次受國會非常會議之付託，肩繼絕扶危之重任，所誓死以爭者此耳。…」[224]即使到 1923 年，他仍主張英國式政黨政治，是年 2 月在香港大學演講：「革命思想之發生」時說：「黨人今仍為求良政治而奮鬥，一俟達此（悉除軍閥與官僚）目的，中國人民即將滿足而安居。……吾人必須以英國為模範，以英國式之良政治傳播於中國全國。」[225]中山先生主張英式政黨政治；絕非好戰者，亦絕非爭私人名利權位或一黨一派之利益者，於此可見一斑！

然則，中山先生心目中的政黨制度究應如何進行呢？由於他主張兩黨政治，因此就難免有「黨爭」，他對「黨爭」的看法又如何？

（一）**黨爭之目的**——他認為：「天下事非以競爭不能進步。當此二十世紀，為優勝劣敗生存競爭之世界，如政治、工業、商業種種，非競爭何以有進步？譬之弈棋取樂，亦為娛樂之競爭，皆欲占勝，雖敗亦不足為憂，皆由自己手段不高之過耳。敗得多則見地愈深，學識愈多。」[226]因此，競爭可以獲得進步，黨爭自亦不例外。有人也許認為黨爭不好，但中山先生認為「黨爭亦非不美之事，既有黨不能無爭。」[227]「吾國政黨，今始發生，一般人聞黨爭之說，非常畏懼，是

224. 《國父全書》，頁 685-686。
225. 《國父全書》，頁 922。
226. 《國父全書》，頁 565，1913 年 3 月 13 日在神戶國民黨交通部歡迎會演講「黨爭乃代流血之爭」。
227. 《國父全書》，頁 562，1913 年 3 月 1 日在國民黨東京支部，共和黨東京支部、廣東同鄉會聯合歡迎會中演講「政黨之要義在為國家造幸福為人民謀樂利」。

皆不知黨爭之真相也。……一國之政治，必賴有黨爭，始有進步，無論世界之民主立憲國，君主立憲國，固無不賴政黨以成立者。……本黨將來擔任政治事業，實行本黨之黨綱，其他之在野黨，則處於監督地位。假使本黨實施之黨綱，不為人民所信任，則地位必至更迭，而本黨在野，亦當盡監督責任，此政黨之用意也。互相更迭，互相監督，而後政治始有進步。是以國家必有政黨，政治始得進步，而黨爭者，絕好之事也。須知所爭者，非爭勢力，乃爭公道，可見黨爭實不可少。譬云親愛之友，相對圍棋，而各人必求自己勝利，此亦爭也。國家欲求政治發達，爭之一字，豈可忽視之乎！」[228]黨爭「縱有失敗，必須退而自反。政策之不能施行，必思有以改良之，手段之不合國民要求，必思有以變更之，務使有得勝之一日。愈研究，愈進步，方能謀政黨之進行，方能謀國家之發達。」[229]

中山先生把黨爭譬喻為「親愛之友，相對圍棋」，正如Bryce 在其名著《*Modern Democracies*》一書中把黨爭譬喻為體育運動競賽一樣恰當。Bryce 說：「英美政黨的競選活動就像群眾看牛津與劍橋的划船比賽或耶魯與哈佛的足球比賽一樣能激發同樣的熱情。」[230]總之，中山先生認為一個國家要有

---

[228] 《國父全書》，頁 557，1913 年 1 月 19 在上海國民黨茶話會演講「政黨宜重黨綱黨德」。

[229] 同註 227。

[230] James Bryce, *Modern Democracies* (New York: The Macmillan Company, 1921) Vol. I, p. 112.

"The same sort of passion as moves the crowd watching a boat race between Oxford and Cambridge or a football match between Yale and Havard, is the steam which works the great English and American parties."

良好的政治則不可沒有政黨，有了政黨，則不能沒有黨爭，黨爭實為了促進政治發展和進步，乃一美好之事。

（二）**黨爭之方法**——然而，「黨爭必有正當之方法，尤必具有高尚之理由，而後始得謂之黨爭。一般人以黨爭為非，實誤以私爭為黨爭也。」[231]中山先生特別強調：「國家之進步與否，繫於黨爭之正當與否。凡我黨員，必注意於爭，尤必注意於正當之爭。」[232]他在1913年的「國民月刊出世辭」裏說：

> 「謀以國家進步國民幸福而生之主張，是謂黨見。因此而生之競爭，是謂黨爭。非然者，為少數之權利計，為私人之安樂計，此種主張及手段，皆不以國家為前提者也。若是之見，是為私見，若是之爭，是為私爭。黨爭可有，而私爭不可有。黨見可堅持，而私見不可堅持。吾黨既以鞏固中華民國，圖謀民生幸福為目的，則又當力矯今日私見私爭之弊。」[233]

質言之，政黨必須基於謀國家進步及國民幸福之立場，以本黨高明之主張，來與對黨相詰難、相辯爭，在公開的和平競選活動中，爭取選民的支持；在議會中也應以同樣立場問政，而不得為少數人之權利著想，或為少數人之安樂打算，這才是黨爭的高尚理由。

231.同註228。
232.同註228。
233.《國父全書》，頁577。

什麼是「正當之方法」？他說：「黨爭須在政見上爭，不可在意見上爭，爭而出於正當，可以福民利國，爭而出於不正當，則遺禍無窮。兩黨之爭，如下棋然。……不用詭謀以求自己之勝利，只以正大之方法相對待，假使手段不高，眼光不大，以致失敗，敗而出於正當，則勝者固十分滿足，敗者亦甘心不悔……」[234] 所謂「詭謀」應係指威逼利誘，挑撥離間或其他舞弊摸黑手段而言，利用這種卑劣方法就是沒有「黨德」，「無黨德之政黨，聲譽必墮地以盡，國民必不能信任其政策，何能望其長久存在呢？」[235]

1912 年 9 月在北京迎賓館，有某君問中山先生對於近來黨爭將如何調和以維持大局？中山先生答曰：

> 「政黨競爭，各國皆然，惟當以國家為前提，不當以黨派相傾軋。且各黨尤當互相磨礪，交換意見，否則固守私見，藉政黨之名，行傾軋之實，報復無已，國家必隨之而亡。余為調和黨派，一言以蔽之：顧各以國家為前提而已。」[236]

易言之，中山先生認為「黨爭」必須把國家利益放在黨的利益之上才是正當的！絕不能存有私心在焉。關於這種高尚精神，中山先生本身是有具體表現的！1912 年 4 月 1 日辭臨時大總統職，讓位於袁世凱，即是一個例證。而同年 10 月 5 日

234. 同註 227。
235. 同註 227。
236. 《國父全書》，頁 570，1912 年 9 月在北京迎賓館與某君談話「政黨競爭當以國家為前提」。

他在上海國民黨歡迎會演講「國民黨當以全力贊助政府」時他說：「嗣後國民黨同志，當以全力贊助政府及袁總統，袁總統既贊成吾黨黨綱及主義，則吾黨愈當出全力贊助之也。建設前途，於此望之矣。今日合五黨成一國民黨，其功與南北統一同，故宜以謀國家之公利為前提，不可以一黨之私見相爭，應一心一德，以圖運行。」[237] 這些話是對國民黨員講的，而當時的政府為袁世凱的北洋政府。中山先生之意，蓋期以政黨政治之方法，避免流血鬥爭，喚起大家和衷共濟，徐圖建設三民主義新中國也！

1913 年 1 月 19 日在上海國民黨茶話會演講「政黨宜重黨綱黨德」時，中山先生曾勉勵國民黨員說：

> 「本黨此次並未出種種運動手段，而獲國民之同情，更宜自勉，勿負國民之希望。今欲鞏固本黨基礎，以鞏固中華民國之基礎，較之革命之事甚易。今日本黨既能自由行動，又占優勢地位，更易為力。願人人鼓勇前進，不可放棄責任。若有不正當之黨爭，與黨員不正當之行為，貽誤國事即為放棄責任。今日國民責望本黨之殷，即他黨亦生戒備。要之本黨一切行為，無不出於正當，則他黨從此亦不敢出卑劣手段。頗聞他黨有以金錢運動選舉等事，本黨黨員萬不可學。……勉哉諸君，願共肩此艱鉅！」[238]

143

237. 《國父全書》，頁 540。
238. 《國父全書》，頁 557。

嗚呼！中山先生立黨亦所以建國，志氣端在國家復興，諄諄之言，苦口婆心，豈有任何私人意識耶？

惟中山先生深恐大家誤解「黨爭」為國中不祥之事，特闢此謬論，以區別革命戰爭與黨爭之不同曰：

> 「或曰黨爭為國之不祥事，此謬論也。蓋黨爭為文明之事，能代流血之爭也。前在清政府之下，所有革命黨、某某黨，是時不能謂之黨爭，因我國民要推倒滿清，恢復漢人之國，為生死之爭，為兩國之爭，為異族之爭。今各黨之爭，皆維持民國，以民國為前提，以民國為基礎，故曰黨爭。今日所爭為公理，為法律，昔日所爭為仇敵，為種族，兩者須要明白。」[239]

易言之，中山先生認為過去推翻滿清專制政府，採取武力革命手段，係為了恢復以漢人為主體的國家，為一種民族革命運動。但是，今日的「黨爭」，係為著維持民主共和政體，避免二千年來，每逢政權鼎革之際，就發生流血革命之慘劇。所以他認為和平選舉的黨爭，可以代替過去歷史上流血之爭。這個觀念正與James Bryce所言「在政治鬥爭中選票已經取代了子彈」[240]一致！

總而言之，中山先生是主張實行英美式「兩黨制」政黨政治的，但是這個理想，必須在大家都誠心擁護民主政治的

239.《國父全書》，頁565，1913年3月13日在神戶國民黨交通部歡迎會演講「黨爭乃代流血之爭」。

240.James Bryce, op. cit., Vol. I, p. 111. "Ballots having replaced bullets in political strife".

前提下，才能實現。既然實行「兩黨制」政黨制度，則不能沒有「黨爭」，「黨爭」應有正當理由和高尚方法，方能有利於國家政治的進步。是以，各政黨應以圖謀國家利益民眾福祉為黨爭之根據，斷不可有私心或為少數人的特權而爭。若其不然，則必重蹈前人之覆轍——憑打破人頭的多寡來決定誰做皇帝的老路了。

第四章　孫中山政黨思想之比較

第一節　政黨之類型

　　吾人欲深入瞭解中山先生政黨思想的真義及其特色，務必與當今世界各種政黨類型及其理論基礎作一比較的研究。現代各國政黨，從性質上，大致可分為兩個根本不同的類型，即①民主主義政黨（或民主政黨），②極權主義政黨（或極權政黨）。Eugene J. Meehan、John P. Roche、Murray S. Stedman, Jr., 等三人合著的《現代政府的動力》（*The Dynamics of Modern Government*）一書中，把政黨分為民主國家的政黨（Political parties in a democracy）及威權社會的政黨（Political parties in authoritarian society）兩類[1]。這兩種政黨類型的國家，都自稱為「民主」，但是他們腦海裏對「民主」一詞的觀念並不相同。各有各的理由，各有各的說法。他們也都辦理選舉，但各有各的方式，各有各的作風，要非仔細端詳，你一定會相信，他們都是「民主國家」。胡適先生曾把這兩種類型的政黨分別叫「甲式政黨」與「乙式政黨」

1.Eugene J. Meehan, John P. Roche, Murray S. Stedman, Jr., *The Dynamics of Modern Government*. (New York: Mcgraw-Hill Book Company, 1966) pp. 28-33.

並分析其特性曰：

「1. 甲式政黨──亦即民主政黨。

(1)組織散漫，入黨脫黨非常自由。

(2)沒有黨的紀律約束黨員的投票，也沒有特務偵探干涉黨員的言論行動。

(3)承認多黨政治的原則，容忍並尊重少數黨的權利，在朝或下野取決於人民的選舉票。

(4)選舉勝利的黨依法接收政權；失敗之黨決不敢用武力霸占政權或毀滅得勝的反對黨。

2. 乙式政黨──亦即極權政黨。

(1)組織嚴密，入黨很嚴格，脫黨無自由。

(2)黨員必須服從黨的紀律和命令，思想言論必須依照黨的路線；有嚴密的特務偵察機關，不但偵查防範黨外的人，還須監視黨員的言論和思想行動。

(3)目的是一黨專政，以少數統治全國，未得政權時，不惜用任何方法取得政權；既得政權後不惜用任何方法鞏固政權。

(4)絕對不承認也不容許反對黨的存在；一切反對力量都必須徹底剷除。」[2]

胡適先生認為孫中山先生在革命事業最困難的時期，感覺到

2.張皋：〈申論兩種根本不同的政黨〉（收載於《民主政治與政黨政治》，臺北，民主潮社，1955年6月初版）頁118。

一個「有組織有力量的革命黨」的需要，所以改組國民黨，從甲式的政黨變成乙式的政黨；但中山先生究竟是一個愛自由講容忍的政治家，他的最後理想還是甲式的憲政政治，後來國民黨結束訓政，推行憲政，這個轉變是孫中山先生的政治綱領的必然趨勢；並認為「這個轉變應該是從乙式的政黨政治變到甲式的政黨政治」[3]。而張皋先生並申論這兩種類型的政黨另有兩點基本的區分：

「1. 乙式政黨根本否定現有秩序，並且要用強力或謀略把它根本推翻，另行建立新的秩序。甲式政黨則尊重現有秩序，在它下面作正常的政治活動；如果對現有秩序不滿，要加以修正或改變，也必須採取公共承認的合法的和平的方式。

2. 乙式政黨肯定本身的絕對價值，有強烈的獨斷性、排他性，認異己為罪惡；它強迫別人遵從它的意志，而沒有選擇的自由，強迫別人接受它的「真理」，而沒有爭辯的餘地；它的主張行為絕對正確，永遠沒有錯誤，在革命進行過程中，固然不容許別人反對，反對便是反動、反革命；以革命手段建立權力之後，也決不承認別人有反對它或對它革命的權利，因此才不容許反對黨存在，才必須消滅一切反對力量，而由它獨占革命，並獨占革命的成果——政權。甲式政黨承認

3.同上。

文化上社會上多元的價值；承認每個人有自由選擇的權利，所以才承認多黨的政治的原則，才有容忍異己的雅量；對於政治權力的獲得與放棄，才能完全取決於人民的選擇，因而才使國家政權可以在和平方式下轉移。在競選的時候，它儘管極力為自己的政策政績宣傳辯護，猛烈批評攻擊他黨的政策政績，但它決不會根本抹殺他黨的價值和權利。」[4]

以上所引述者係胡適先生及張皋先生對「民主政黨」與「極權政黨」之差異的看法，吾人認為大體沒有錯誤，但是，胡適先生認為中山先生改組國民黨是從甲式（民主）的政黨變成乙式（極權）的政黨，這一點吾人不敢苟同，蓋無論胡先生所說國民黨改組係指 1914 年的改組為「中華革命黨」或 1924 年的「以俄為師」之改組，吾人認為在精神上均非變為乙式（極權）政黨。因為中山先生的政黨思想中並無類似極權政黨思想的成分，顯然革命政黨並不同於極權政黨的。「訓政」之辦法，亦絕非俄共的「無產階級專政」或法西斯「獨裁政治」之性質，縱然或有實施上之瑕疵，但亦絕非中山先生訓政理論之本意。這是我們必須注意之處。然則，中山先生政黨思想與民主或極權政黨思想究有何不同呢？這正是本章吾人試為比較分析的課題。

4.同上，頁 119。

第二節　民主政黨之研析

第一項　民主主義之理論基礎

　　民主國家的社會，深信天賦人權之學說，認為人人生來就具有某些不可讓渡之權利，如生命、自由與追求幸福之權利；而政府之組成正為了保障這些權利，必須基於被治者的同意。我們知道這就是 1776 年美國「獨立宣言」之精神所在。民主國家的社會，也深信人生而平等，政治社會之目的即在保護人類此等自然而絕對的權利，這些權利包括自由、財產、安全及反抗壓迫之權，所有主權之原則本質上存在於國家，無人能使用任何權威，所有公民有權親自參與或透過其代表制定法律，無人可因意見或宗教信仰之理由而受干擾。我們知道這就是 1791 年 8 月法國國民會議所通過的「人權宣言」之精神所在。而這兩大文獻可以說是民主政治的重要根據，James Bryce 在其所著《*Modern Democracies*》一書的第五章 The theoretical foundations of democracy 即引述這兩大文獻的要點做為他申論的依據[5]。

　　民主政黨之理論，事實上與民主主義之信念不可分。美國加州大學政治學教授歐本斯坦（William Ebenstein）在其名著：《現代的各種主義》（*Today's Isms*）一書中，列舉八點西方民主信念之特徵，吾人認為可以用來說明民主主義之理

5.James Bryce, *Modern Democracies*. (New York: The Macmillan. Company, 1921) Vol. I. p. 43.

論基礎。茲分別申述如下：

（一）**理性的經驗主義**（Rational empiricism）──
Ebenstein 認為「哲學的教條主義與政治的極權主義兩者在心理上與歷史上的關聯很明顯，對於某種知識的絕對肯定，導致一種情感上的狂熱主義，再在政治方面造成一種不能容忍的鎮壓」[6]。他所說的教條，對共產主義來說是階級觀念，對法西斯主義來說則為種族和國家。但是經驗主義則不然，經驗主義首由 John Locke（1632-1704）予以充分發揮，認為一切知識都出自經驗（all our Knowledge derives from experience），故真理乃是試驗性的、變動不定的，而且經常在驗證之中。是以絕不把反對者當作敵人或出賣自己的人，而加以整肅或擠壓或把批評自己的人看作是故意為難，沒有道德，事實上且歡迎批評指教，因之而得以促使進步。民主主義在決定政策之先，必集思廣益，博採眾議，以期減少錯誤。故抱著「毋固毋必」的心理[7]。

（二）**個人之受重視**（The emphasis on the individual）──
民主主義認為一切社會政治組織，無論是政黨或政府都在為成員服務，在幫助他們得到充實的生活。可是在極權主義之下，國家是主人翁，個人是奴僕。Hegel 這位共產主義與法西斯主義思想的祖先，在其 1821 年《法律哲學》（*Philosophy of the Law*）一書中說，個人在服從國家中獲得自由，為國家

---

6. William Ebenstein, *Today's Isms*. seventh edition. (Englewood Cliffs, New Jersey: Prentice-Hall, Inc. 1975) p. 142.
7. Ibid., pp. 142-145.

犧牲乃個人自由的充分表現，只是徹底放棄個人尊嚴，為國犧牲，然後才能變成國家整體的一部分。可是 John Locke 則認為生命自由以及追求幸福的思想，是和以紀律及犧牲當作公民資格要件的極權思想針鋒相對的。傑佛遜（Thomas Jefferson）在其 1787 年 11 月 13 日給史密斯上校（Col. William Stephen Smith）之信件中說：「自由之樹必須不時澆以愛國志士及暴君的鮮血。」（"the tree of liberty must be refreshed from time to time with the blood of patriots and tyrants."）[8]

（三）**國家工具理論**（The instrumental theory of the state）——認為國家不過是人民的工具，人民組織國家之目的高於國家本身。但在極權主義，則把國家看成無所不知，無所不能，不但組織且管制經濟、教育、及宗教事務，對下棋的人，星期天下午徒步旅行的人，也不放過。從猶太基督教的宗教觀點看，國家工具理論支持了一個理論，那就是通往上帝的人類生活才有最高價值，沒有任何世俗的法律能取代上帝之法則；國家的功能乃在於維持和平與秩序，使人民得以從事活動以追求更高之目的。從理性的人道觀點看，國家工具理論肯定個人運用其理智以分辨是非善惡之能力，乃政治權力的最後考驗[9]。

（四）**自願主義**（Voluntarism）——民主主義理論認為自願主義是自由社會的血源，在自願組成的小團體裏，最能深切體驗一種伙伴的情誼。這種自願結社的原則被運用於政

8.Ibid., pp. 145-146.
9.Ibid., pp. 146-147.

治的（政黨）、教育的（私立學校）及經濟的（勞工聯盟和同業公會）等各種領域。在慈善事業方面，紅十字會和地方團體基金組織證實至今仍有一種強烈的意向，要求保留自願活動的精神。在英國，各種自願組織的機構，在社會福利方面用以輔助政府施政之作用，仍顯出其重要性。自願主義原理之心理傾向在為較小的團體抗拒集權政府[10]。

（五）**法上有法**（the law behind law）——「法上有法」之概念，認為社會是由各種不一致的單元所結合，而國家由於其權力乃得自被治者的同意，故本質上被視為一致的志願團體。只要國家機關係建立於聯盟的基礎上，則必須有一個較高的法律，來規定各組成分子間及各分子與整體之間的種種關係。事實上，英美古典自由思想，皆認為「法律不是國家的產物，而是先國家存在的」（law is not the product of the state, but precedes it.），國家的功能對人民基本權利而言，是加以保護和規定而非創造。美國之所以存在，即受此種概念之影響，因堅持法律之上有一個更高之法，革命志士即為而犧牲奮鬥。反民主者可能指責此一概念給予反叛者及無政府主義者敞開大門，事實不然，洛克（John Locke）在 1690 年其所著《政府兩論》（*Two Treatises of Government*）中提出三點反駁。第一，洛克認為當民不聊生、悲慘無告之時，在任何形式的政府之下，人民都會揭竿起義，即使統治者莊嚴神聖、天縱英明，事到關頭，革命之事一樣要發生。第二，洛

---

10. Ibid., p. 147.

克認為，人民不會因一些公共事務上的小毛病或為虛幻的目標而起革命。第三，洛克認為，政府乃基於人民之同意而行統治，人民有革命之權利，這正是一道「防止革命的最好藩籬」（the best fence against rebellion）。經驗證實了洛克之遠見，民主政府係依據洛克、傑佛遜的「人民有權為反抗壓迫而革命」的主張而設計的，但從長期看，已成為世界上比較穩定的政府。相反的，在那些以維持法律秩序為名而反對此種「法上之法」的國家，在政治上卻是血腥整肅、結黨叛亂，陰謀反陰謀，暴力殘殺，循環報復──此等政治紀錄，特別存在於偏狹的獨裁政權[11]。質言之，民主主義承認人民擁有的「政治主權」高於政府擁有的「法律主權」。

（六）**方法之重視**（emphasis on means）──民主政治的生活基於一種認識，即目的不能離開方法而存在，而應以方法逐步達成，極權主義卻在兩者之間劃下鴻溝，在其教條式的思想方法之中，絕對地確定目的之存在，有了這種固執，對方法之本質便較少注意。因此，用秘密警察，「改造的」奴工營、思想管制，恐嚇，及對於意見不同者的鎮壓，這樣做只有加重社會的仇恨而不能消滅它。在自由社會裏，方法被視為一切的中心，在吾人之生活經驗中已得到確認。大憲章（Magna Carta）、人身保護狀（Habeas Corpus）及司法審判原來都只是一種程序和方法。今天，民主社會之危險，在於對此種核心問題之警覺性已漸疏忽，在抵抗極權主義的鬥

11.Ibid., pp. 148-149.

爭中，有一種摹仿其方法的趨勢，吾人必須提高警覺，加以防制，在保衛民主之時，有些人竟使用一些足以毀滅其原欲保護的東西之方法[12]。

（七）**討論與同意**（discussion and consent）——這是自由社會解決不同見解，協調不同利益的典型方法。由於無人能有絕對的真理在握，故民主主義的觀點，認為雙方的爭議對於可能的最佳答案均有貢獻，而獲致此等最佳答案的唯一方法，只有把所有能獲致的證據擺出來。民主社會之理論，政府係「從被統治者的同意中取得其適當的權力」（derive their just powers from the consent of the governed），因為除了為人民服務之外，國家實無由存在，假如國家變成殘暴壓迫忽視人民權利，則這種民主理論不但支持人民得起而反抗的權利，而且認為反抗政府，發動革命乃職責所在。但是，此一「反抗的權利」，只能在討論與同意的方法已被專制暴君粉碎了之後，始得行之。在討論之門永遠敞開之國度，則沒有任何民主主義者主張這種反抗國家從事革命的權利的[13]。

（八）**人類有立足點之平等**（The basic equality of all human being）——此並非人人完全相同或相等之意，只不過是某些立足點的根本平等而已。從理性的人道主義者看來，人類儘管有種族、性別、宗教、國籍、和階級之不同，但所有的人都有理性之能力，所有的人都是世界人類的一員，立足點之平等，即基於人類皆有秉賦之觀點。民主主義之平等，

12.Ibid., pp. 149-150.
13.Ibid., pp. 150-151.

即是「機會均等」（equality of oppotunity），但是所謂「機會均等」如只憑各人的能力去盡情發展，則很快又會造成不平等，使不平等永遠存在。故在能力之外，「需要」（Need）亦必加顧及才行。法律可以在人們開始競賽之前，給予公平條件之辦法，使「機會均等」實際有效。如徵收累進遺產稅可以減少繼承的財富，免費教育（由托兒所到大學）對於窮人的助益大於對富人的便利[14]。

　　以上八點，可以充分說明民主主義之理論基礎。民主政治社會，所以不可以沒有兩個以上的政黨，亦正基於同樣的道理。

第二項　民主國家之政黨制度

　　Leslie Lipson 在其所著《民主文明》（*The Democratic Civilization*）一書中說：「凡發生利害充分歧異的地方，即形成一個社團，當政治系統給予聯合的機會時，人們乃有形無形的，凝聚或鬆散的結成群體。他們是為了結合意氣相投的人，用以防衛他們的危難及擴展他們的勢力範圍起見，而如此做的。由於這些有組織的團體不斷的交互作用──說明利害，陳述政策、爭取權力、控制政府或批評政府──而構成了政黨制度。」[15] 從他這個看法推論，在民主社會而只有一個政黨，那是不可思議的，民主國家以民主精神為立國基礎，也是以民主精神為政黨組織的指導方針，因之不論政黨本身

14. Ibid., pp. 151-152.
15. Leslie Lipson, *The Democratic Civilizaiton*. (New York: Oxford University Press, 1964) p. 306.

或黨際關係，都表現出來了一個高貴的民主氣質──尊重自己也尊重別人。根據憲法，其人民之各項自由與權利（當然包括集會結社之權利），得到充分的保障，其政府之更迭，治權的轉移，依據政黨政治的法定程序，立法權由人民自由選舉代表組成議會加以行使，依一定程序制定法律，政府依法行政，而主權則操在人民。

　　一個民主政府必須容許合法的批評，合法的反對，否則濫用權力，將侵犯人民權利。是以，承認合法的反對實為民主政治之根本條件。政府與人民之間，在互相容忍、互相諒解之原則下，養成民主自由的空氣和習慣，政府看慣了，自然養成民主的雅量，人民也自然珍重自由的價值，社會於是充滿一片和諧氣氛而欣欣向榮。但是，若想達成這個境界，沒有兩個以上的政黨便無法進行，而政黨也必須依靠民主政治才得發揮作用。

　　然則，當今世界各民主國家，其政黨制度如何？美國伊里諾大學政治學教授 Austin Ranney 在其所著《人之統治》（*The Governing of Men*）一書中，將民主國家的政黨制度分為兩種，即 1.多黨制（Multiple-Party System）及 2.兩黨制（Two-party System）[16]茲分別說明之：

一、先談兩黨制──

　　（一）**定義**──Ranney 認為兩黨制是只有兩個政黨例行

---

16. Austin Ranney, *The Governing of Men: An Introduction to Political Science.*（August, 1959.臺灣影印本）p. 327, 331.

地獲得大量選票與公職，這兩個較大的政黨交替的成為多數黨。這種制度，還包括不少小黨，他們也提名候選人參與競選，但是很難贏得多少選票，自更不容易獲得當選。兩黨制為英語系民主國家，如美國、英國、加拿大、澳洲、紐西蘭和南非聯邦等國的特色[17]。我們從 Ranney 所下的定義，可知所謂「兩黨制」係指僅有兩黨可能交替獲得多數，從而輪流組織政府之意；並非表示一個國家只有兩個政黨。薩斯迺德教授（E. E. Schattschneider）持相同的看法，他曾在〈美國之音論壇〉（Voice of America Forum Lectures）的一篇叫做「美國的政黨制度」（The American Party System）之演講稿中，說：「我們稱美國政治制度是兩黨制，因為我們有兩個大黨和若干小黨，而大黨又如此龐大，那些小黨就被我們置諸腦後了。」[18]確實，美國除了民主黨與共和黨之外，尚有一打以上的小黨是被人忽略而不知其存在的，這些小黨是：1.美國第一黨，2.耶穌教國家主義黨，3.美國工黨，4.美國共產黨，5.社會主義勞工黨，6.社會主義工人黨，7.窮人黨，8.社會黨，9.上帝聖經黨，10.華盛頓和平黨，11.素食黨。12.禁酒黨。13.綠底鈔票黨，14.進步黨等[19]。但是這些小黨在美國政壇根本發生不了什麼作用。即使在英國素稱為兩黨制，也還有另外

---

17. Ibid., p. 331.

18. E. E. Schettschneider, *"The American Party System"* Lecture on American politics and Government (VOA Forum Lectures edited by Stephen K. Bailey. English-Chinese bilingual edition published by World Today Press, Hong Kong. July 1976) p. 1083.

19. 陳鵬仁：《美國總統選舉與政治》（臺北：大林出版社，1977 年 7 月 30 日出版）頁 6-7。

幾個小黨——自由黨、共產黨、法西斯黨。自由黨原為大黨，但在 1929 年已被工黨取代。Leslie Lipson 認為任何國家如能滿足下列三個條件者，就是一個兩黨制國家：

1. 在任何指定時間，有機會取得政權的不會多於兩個政黨。
2. 此二黨之任何一黨不必第三黨的協助即能贏得所需要的多數而執政。
3. 在幾十年以上由此二黨輪番執政[20]。

我想這個定義已經足夠明顯了。當然，在一個大黨失勢時，可能暫時出現三黨制，如 1918 年到 1931 年的英國，即自由黨、保守黨、工黨三黨在爭取政權，但這些現象不足以否定兩黨制的存在，以此標準衡量，則英國兩黨制已存在二百五十年以上之久。

（二）**成因**——兩黨制是如何形成的？各國環境不同，成因也不一樣。以英國來說，它是慢慢發展而來的，並非有意造成的。因此，其歷史傳統之因素甚為重要。如：

1. 宗教的理由：有國教（Anglican Church）與非國教的派別，而非國教之中又分清淨教及天主教。這個因素使英國形成三黨，但天主教勢力限於蘇格蘭，並無固定立場，故不能成為建立政黨之基礎，由是乃形成國教派與清淨教派互爭雄長之勢。
2. 經濟的理由：國教派以貴族及地主為基幹，而清淨教

---

20. Leslie Lipson, op. cit., p. 315.

派多為新興企業家，前者保守，後者激進，氣味不投，政治觀點更多出入，故而成為牢不可破的兩大陣容。

3. 地理的理由：英國以海洋為屏障，歐陸諸強不易入侵，英國政治家因而容易養成容忍風度。兩大陣容固以爭取政權為目的，但在手段方面都不肯過於激烈。政治家有容讓態度，社會即不易產生極端分子，故較少另組新黨之可能。

4. 多數代表制：前述三點為歷史傳統因素，此外，英國選舉制度亦兩黨制得以維持之助因，多數代表制，使得票較多者當選，小黨無法立足，故選舉制度對兩黨制之保持有功。[21]

至於美國兩黨制之成因，Clinton Rositer 認為有下列幾點：

1. 心理學的：政治的選擇通常是在兩者之中任擇其一，政黨的二元黨並非永遠存在，但是幾乎永遠會有二元性的傾向。一個自由發揮功能的民主社會，幾乎必然地導致在朝與在野，贊成者與反對者[22]。但是，吾人認為 E. E. Schattschneider 所言：美國人「深信把所有的經濟和政治權力集中在同一個人手中，必然會產生暴政」[23]，這個觀念也是很重要的。

---

21. Leslie Lipson: "*The Two party System in British politics*," American Political Science Review, Vol. XLVII pp. 337-358.

22. 王世憲（譯）：《美國政黨與政治》（臺北：幼獅文化事業公司，1977年1月）頁7。

23. E. E. Schattschneider, op. cit., p. 118.

2. 社會學的：由於美國政治實驗的成功，急進主義者的呼籲，大部分都被兩黨實現，尤其社會主義。因此急進的政黨便不容易存在。這一點與 Abraham Ribicoff and Jon O. Newman 之看法類似，後者二位在其所著：《*Politics: The American Way*》一書說：美國兩個大黨頗能提供若干爭執問題，讓國民有足夠的刺激，滿足大多數人不同的胃口[24]。

3. 憲法的安排：亦即美國政治制度的四個特徵：議員選舉採多數代表制，中央與州的分權，選舉總統的方法及總統職位的吸引力。易言之，總統之選舉由選民在各州投票選舉「總統選舉人團代表」（Electoral College），再由他們去投票選總統，故最多只能有兩個黨有希望集合足夠的選票來推舉總統。而國會議員之選舉採單選區制，每選區只能選出一名代表，這個規定，使第三黨無獲勝機會[25]。

由於長期的經驗，兩黨制已成為美國傳統上之主要原則。大家習慣了，也沒有人認真地想去更動這種制度。此外，許多州都規定，凡是一個政黨最少須有若干黨員，在選舉中占有多少票數，否則便不成為正式政黨，不能提候選人的名字在選票上。第三黨立足的機會更少了[26]。

---

24. 陳國新（譯）：《美國的政治方式》（臺北：新亞出版社，1972 年 12 月二版）頁 75。
25. 王世憲（譯）：前揭書，頁 8。
26. 同註 24，頁 70。

（三）**優點**——兩黨制的優點很多，依據浦薛鳳教授的看法，認為約有下列幾點[27]：

1. 分野自然：蓋每一問題通常只有正反兩方面，兩黨對立，恰可分別代表正反兩種意見。

2. 多數統治：民主政治實際上只能取決於多數，在兩黨制之下，總有一黨可得多數選民之擁護，在議會中占多數席位。

3. 政府穩定：尤其在內閣制國家，一在朝執政，一在野監督，勝敗取決選民，沒有流血相殺之必要。

4. 起伏便利：選舉結果揭曉，全國人民即知何黨繼任，而此繼任政黨，一切亦已經常準備就緒，何人組閣，採何政策，不必臨事張皇。

5. 責任明顯：由某黨執政，內政外交措施之政治責任何屬，毫無可推諉，故責任分明。

6. 投票便利：選民只須對兩大政黨所推候選人選擇其一，不像多黨制國家，候選人名單繁多，難知取捨。

（四）**缺點**——但是，兩黨制亦有其缺點，如：

1. 不符實際：因為並非每一問題都只有兩種意見，事實上社會各種利益，亦非僅兩黨所能代表。

2. 多數專制：僅憑藉政黨所占議席之多數而通過法案，雖手續上別無他途，在精神上不免有多數壓迫少數之嫌。

27.浦薛鳳：《政治論叢》（臺北：正中書局，1967 年 9 月二版）頁 286。

3. 傾向守舊：兩大政黨既各以每次競選獲勝為主要目標，則凡重大改革與社會既得利益者有衝突，則往往默爾而息，不願主張，不肯提出，庶免競選失敗，這就造成了守舊的傾向[28]。

二、再談多黨制——

（一）**定義**——Ranney 認為多黨制是有三個或三個以上（通常是以上）政黨，例行地分得大部分選票和公職，但沒有一個黨能單獨贏得多數席位。多黨制為西歐各國及斯堪地那維亞國家的特色。由於這些國家很少有一個黨能獨得議會多數席位，故大都由幾個政黨聯合組織內閣，即聯合內閣（Coalition Cabinet）[29]。

（二）**成因**——多黨制之成因，各國亦不甚相同，以法國來說，其成因大體有下列幾個：

1. 法國人愛好主義；儘管組成聯合政府，但各黨愛其主義如故，不肯犧牲其主義合組較大的政黨。

2. 宗教的影響；社會黨與社會共和黨經濟政策接近，但一個反天主教，一個擁戴教會，故無法攜手合作結成大黨。

3. 政治領袖起自地方；政治領袖在地方多有勢力，其政治生命不依賴政黨的支持，故個人主義色彩及地域觀念極濃厚，大黨自不易產生。

28.同上。
29.Austin Ranney, op. cit., pp. 327-328.

4. 比例代表制；選舉制度採比例代表制，使小黨有恃無恐[30]。

5. 民族習性；法國人天性酷愛自由，富熱情，善改變，而且具有政治興趣。

至於瑞士，今有九個政黨，其中社會民主黨、激進民主黨、天主教保守黨三黨可稱大黨，另有農民黨、獨立黨、自由黨、民主黨、共產黨、和福音黨[31]，其多黨制之理由，可說與文化有關，瑞士受法、德、義三國之影響，他們承認四種語言，故可以說瑞士是一個多元的社會，加上採行比例代表制的選舉制度，形成多黨制乃極為自然之事[32]。北歐各國之政黨，有競爭，也有合作，社會公平，對民眾之利益照顧周到，處理問題不走極端，選舉制度亦採比例代表制，故習以多黨制為民主政治之正軌。

（三）**優點**——多黨制有其優點亦有其缺點，其優點是：

1. 政黨林立，可以代表國民各階層各行業之利益與意見，不像兩黨制之僅限於二擇一。

2. 容易產生中庸溫和之政治；因為在沒有任何一黨可以在國會占多數席位，只好聯合他黨組成政府，在政策上比較折衷調和。

3. 避免專制政治之發生；因為無法組成獨黨政府，不可

---

30. 鄒文海：前揭書，頁 523。
31. Leslie Lipson, *The Democratic Civilizaiton*, op. cit., pp. 353-354.
32. Ibid., pp. 353-362.

能發生橫衝直撞的一黨專政作風。

4. 容易反映真正民意；因為在多黨構成的議會，政黨對其議員控制較鬆，有利於議會言論自由，足以反映各類民意[33]。

（四）**缺點**——但是，多黨制也有其不少嚴重的缺點：

1. 內閣壽命較短，政治不穩定；這是因為政府由數黨暫時組合之故。

2. 選民不易行使其選舉權；因為各黨提名人選太多，不易分辨選擇。

3. 政府難產，政黨主張不易貫徹；因為數黨組合之政府常因職位分配而耽擱時間。同時，在折衷性政策之下，各政黨均無一能貫徹其所有主張。

4. 政府無力且責任不明；因為各黨組合之政府，遇利則相爭，有過則相諉，形成無人負責之政府，行政效率亦因之減低，一旦內憂外患，難臨事採取應變措施。

5. 聯合政府之威信不著；因為其組閣並非得自選民之真正授命與委託[34]。

民主國家之政黨制度儘管有不同，可是同樣兩黨制或多黨制國家，其表現出來的政治特質卻可能不一樣，因此上述政黨制度之優劣點也不能一概而論。如挪威、瑞典、丹麥與法國同屬多黨制國家，而挪、瑞、丹三國之政治並無法國多黨制之流弊，蓋因社會背景不同之故。英國美國同為兩黨制

33.談子民：《政黨論》（臺北：正中書局，1968 年 8 月初版）頁 57-58。
34.同上，頁 58-59。

國家，而由於黨紀寬嚴不一，英國內閣頗能發揮「以黨治國」之效力，接近「一黨制」；而美國的共和黨員和民主黨員在投票時並不服從黨的紀律，國會對重要法案之投票，往往形成多集團現象，故又類似「多黨制」；反之，在美國某些州，則幾乎純粹實行「一黨政治」。美國兩大政黨之中，都有自由派與保守派，在主要問題上，兩黨的自由派往往聯合起來，保守派也是一樣。因此美國政黨在制定政策過程中，不如其他民主國家之重要；政黨因不易實現諾言，故難以發揮「以黨治國」之功效。至於其造因，除兩黨混合關係之外，利益團體及無黨派秀異分子，時常在緊要關頭向政黨挑戰，也是一個因素。

是以，所謂一黨、兩黨、多黨制並非絕對的，如一黨國家之政黨而非一人獨裁，上層組織成員又係由民主選舉產生的話，也不是沒有實現「民主政治」之可能。只是一黨國家之政黨，因為沒有競爭對手，故不易做到此一境界，其不易成為「民主政黨」，乃勢之必然。

第三項　民主政黨之檢討

民主國家以民主主義為理論基礎，發展出來兩黨及多黨二種政黨制度，此二種政黨制度之形成，因各國之歷史背景、地理環境、人文條件之不同而異，但都有其優劣點。吾人固不能抹殺民主政黨對人類社會之卓越貢獻，亦不能說它是一種最完美的政治制度；為了比較研究起見，吾人必須探討民主政黨之功過。茲依個人淺見分別申論之：

一、民主政黨之貢獻——

吾人認為民主政黨，無論是兩黨制或多黨制的政黨，對人類最不可磨滅之貢獻，殆為「化干戈為玉帛」。把解決政治問題之方法，從過去的打破人頭改為數人頭的方法。避免殺人盈野的流血戰爭，而以公開選舉的和平方式來決定誰人為大家服務；以公民投票方式來探問什麼是大家的意思。由於每人看法及意見不會相同，故必須有兩個黨以上的候選人及政見提供大家選擇，而這種選擇，絕不可能全體一致相同，因之，只有以多數決定勝負，輸者下次再來。在政策上，少數服從多數，多數照顧少數，不能行使多數暴力，阻絕少數黨提案。大家互相尊重，互相容忍，一切公共事務遵此方式解決，就不會有走極端之暴戾現象發生。誠如中山先生所言：「各政黨之中，若逢政策與自己黨見不合之事，可以質問，可以發揮黨見，逐日改革，則無積滯，無積滯即無變亂之禍患。變亂云者，有大小，大則流血革命，小則妨害治安。」[35]

國家政權之轉移，既一以民意為依歸，加以各種公職之任期固定，各種選舉如期舉行，執政黨而政績輝煌，則選民必然支持其連任，使其繼續執政；其不佳者，則拂而去之，使另一政黨起而執政，進退有道，國家政治乃得在和平軌道上運行，實為美事。英國實行這種政黨政治，溯自十七世紀中葉（1642-1649），內戰之後，僅於 1688 年再有一次光榮革命（The Glorious Revolution），為時三百餘年，英國人民

35.《國父全書》，頁 564-565，「黨爭乃代流血之爭」。

無復生靈塗炭、肝腦塗地之慘痛。而美國實行這種政黨政治，自從南北戰爭以後，迄於今日，凡一百餘年，美國人民亦無復國內兵連禍結之災。此實民主政黨制度之偉大貢獻！

是以，英國制度，視在野黨為「陛下忠誠的反對黨」（Her Majestic's Loyal Opposition），其反對黨領袖──今天的保守黨黨魁柴契爾夫人，可領年俸九、五〇〇美元，另加三、〇〇〇美元之國會津貼。而加拿大、澳洲，其議會內的反對黨領袖之薪俸，亦比普通議員為多，他們無異把反對黨的領袖看做國家的一種「公職」，故國家得給予特別待遇。這正顯示兩黨制民主國家極為重視在野黨監督政府的功能──避免執政者誤入歧途或濫用權力，侵犯人民權利；亦使與政府意見不同者，得以伸張其意願與正義。是以，吾人認為兩黨制，仍為比較安全的政黨政治制度。

至於多黨制，固然可以反映各種民意，但各黨組成的聯合政府，頗為軟弱，實非國家之福；然比之一黨專政的極權政黨制度，其人民之幸運，又豈可以道里計耶？關於政黨制度之比較，Austin Ranney 在其所著：《The Governing of Men》一書中，曾以圖示表明[36]，吾人認為非常恰當，特附錄於此（參閱附圖），以供讀者參考。

然而，英美兩黨制，是從歷史經驗中發展而來的，不是人造的。革命推翻兩千餘年專制政體，建立共和，在一般官僚政客及人民都還沒有習慣於歐美代議民主政治之時，即想

168

36.Austin Ranney, *The Governing of men: An Introduction to Political Science.* （August, 1959 臺灣影印本）p. 333.

Elections under the Three Party Systems.

一步登天的傚效，當然只有失敗！是以，中山先生的政黨思想中，有一點我們絕不可忽略，那就是在實施憲政民主之前，有「以黨建國」的軍政時期及「以黨治國」的訓政時期，這是中山先生的獨到見解。但是，我們同樣不可忽略，那就是在憲法公布後，就要「還政於民」，實行三民主義五權憲法的民主政治。

二、民主政黨之缺陷──

民主政治並非至善至美，代議制度下的民主政黨自亦有其缺陷。中山先生說：「凡是國家的大事都要議會通過，才能執行；如果在議會沒有通過，便不能執行，這種政體叫做代議政體，所謂議會政治。」[37]他對這種代議政治，並不迷信，所以他又說：

> 「大家都知道現在中國的代議士，都變成了『豬仔議員』有錢就賣身，分贓貪利，為全國人民所不齒。各國實行這種『代議政體』，都免不了流弊，不過傳到中國，其流弊更是不堪聞問罷了。大家對於這種政體，如果不去聞問，不想挽救，把國事都付託到一般『豬仔議員』，讓他們去亂作為，國家前途是很危險的。所以外國人所希望的『代議政體』，以為那就是人類和國家的長治久安之計，那是不足信的。」[38]

37.《國父全書》，頁238，民權主義第4講。
38.同上，頁238-239。

固然，我們不能說所有的民意代表中連一個好人也沒有，但是，我們也不能太信任民意代表的作為的。中國民初那一段實行「政黨政治」的經驗，使中山先生頗感失望，他才有以上的言論，說明其感觸。然則，代議民主制度下的「民主政黨」有什麼缺陷呢？茲依個人看法論列之：

（一）**關於「選賢與能」問題**——亦即選舉制度能否產生賢能之人才來為大眾服務的問題。吾人皆知選舉活動是需要經費的，在經濟條件強弱不平的社會，選舉之結果可能產生一個現象，那就是只有雄厚的財力才可保證當選，而有財力者是否賢能，其間又無必然之關係，所以真正人才不一定能在選舉制度之下產生出來。而政黨為了取勝，辦理提名時，也可能考慮候選人的經濟條件，清寒俊秀自然不易脫穎而出。

由於宣傳活動費用龐大，因參與競選而傾家蕩產者中外古今皆有所聞；甚至因而發生精神病住院者亦有之。如泰國社會行動黨候選人乃頌塞，於 1975 年 1 月 28 日中午聞知落選後，在住宅掛上一大塊牌匾，要將其房屋出售以資挹注。社會正義黨乃亞滴納為了爭取「民代」，曾賣掉田地與房屋充作競選經費，到頭來一場空，受不了精神打擊而苦思成狂，旁若無人，在鬧市的馬路中表演七脫舞，被親人送往精神病院。勞工黨乃三臘，落選後，用裝置了擴音器的汽車，沿街大罵各政黨和老百姓有眼無珠，不支持他做「人民代表」，而且逢人便罵，與瘋漢無異[39]。

39.何公岳：《曼谷航信》（香港：《新聞天地》第 1413 期，1975 年 3 月 18 日）

英國 1832 年的改革法案以前，國會的議員選舉，一部分便被豪門、貴族或大地主所把持，所謂「囊中選區」、「腐朽選區」是人所習知的垢病。在印度，發了財的暴發戶，為了保持其既得利益，也曾公然出賣，收買議席。美國的情形並不更好，財閥豪門往往用鉅款資助政客，以圖狼狽為奸，例如 1904 年的總統選舉當中，民主黨曾舉發共和黨接受財團資助的黑幕。法國第三共和政府下的選舉，號稱比較清潔，然而也不免有違法舞弊例子。有時候地主壓迫佃客，雇主壓迫傭工，地方官吏壓迫人民，要他們投票選舉指定的候選人。有時候在投票的那一天，候選人代會茶費餐賬[40]，以求當選。

此外，賄選之情事，亦常聽聞，手段且頗高明，如英國昔日，曾有一位候選人於投票前夕，以留有微孔之布袋滿裝零星銀錢，肩負街遊，故意使銀錢滴瀝落地而佯作不知，聽憑路上行人尾隨拾取，一時街巷爭傳，均知其為誰何，而亦均知其意向。試問此一事實是否構成賄選？又，美國各邦大抵禁止以食物賄選，但富有之候選人，往往遠在參加競選以前，每逢如聖誕如復活等各種佳節，購置大量麵包、牛油、雞子、糖果或兒童玩具，用數輛大卡車裝載，分赴平民區域，家家戶戶公開普遍贈送。試問此項「禮多人不怪」的行為，又是否構成賄選[41]？吾人並不以為清寒必為俊秀；亦不以為鉅富必無人傑。然則，金錢財富勢力影響政治，乃為不爭之事實。

40. 蕭公權：《迹園文存》（臺北：環宇出版社，1970 年 11 月 29 日）頁 353-354。
41. 浦薛鳳：《政治論叢》（臺北：正中書局，1967 年 9 月二版）頁 268。

　　至於選舉舞弊，亦為好人不一定能出頭之原因，美國大都市的地方選舉尤富於舞弊之情事，上下其手的選舉登記，多寡顛倒的投票計算，都是常見的弊病。……自從十九世紀末葉，各國制定選舉防弊的法規以後頗有改善，但是舞弊的行為到現在還不曾完全消失[42]。選舉制度絕不是民主政治的萬靈丹，從而使民主政黨發生嚴重缺陷。

　　（二）關於「代表民意」問題——政黨操縱，控制輿論，不但使真正民意不能伸張，有時且歪曲了民意。因為政黨為了選舉獲勝，一味從事爭奪執政地位，難免以手段為目的，控制輿論，顛倒黑白，抑制其他政黨，甚至也利用金錢的勢力來腐化選民[43]。關於政黨控制輿論之事，近年的奧地利亦曾發生過。1975 年 1 月 13 日，奧地利《上奧新聞報》總編輯波兒茨在基督協會機關刊物《大學雜誌》中抨擊奧國新聞記者，以漠不關心的態度對待政治和經濟。他認為對奧國新聞記者的危險，並不是報紙的所有權問題，而是政客對新聞界暗中施用的壓力。另一種危險是某些方面企圖對新聞記者諂媚、拍馬、阿諛、奉承。奧地利廣播電臺現已在總理及執政黨壓力下改組，波兒茨表示，這次改組，已使絕大部分奧國新聞記者喪失了新聞道德。最可怕的是，這些記者們向強權及其各式各樣的影響力投降。1961 年 6 月 19 日，奧國政治家利奧波德・費格爾說過：「真正的新聞記者是反對痳痺與遲鈍的熱烈的戰士，他有使命進行反對慣性、反對侵犯、反

---

42. 同註 40。
43. 鄒文海：《政治學》，頁 165。

對不公正的奮鬥，他的批評具有無價的意義。」[44] 輿論的力量在強權的影響及政黨的壓力下投降，還談什麼民主政治呢？還談什麼政黨代表民意呢？

此外，獲選的議員在議會中的表現，也不一定能「為民喉舌」代表民意！奧地利現在各黨派早已在議會之外進行政治交易，事後不過在議會中表演一下給選民看看而已。目前奧國議員有所謂「俱樂部強制制度」，即在議會中的各黨議員均分屬其「議會俱樂部」，在表決時非投本黨的票不可，而不是按照自己的良知和對事物的正確評判。表決也不是秘密的，原因是各黨好在投票中監察本黨議員[45]。顯然，選民投票產生的「代議士」已不再是選民自己的代表，而是政黨的附屬品了。

然則，依據瑞士學者 Robert Michels（1876～1946）之「寡頭統治鐵律」（The Iron Law of Oligarchy）[46] 對政黨加以觀察，即可發現原來政黨內部之權力，亦僅握在少數人之手中。難怪 Robert Michels 說：

> 「在代議政府之下，對植根於代表制度的民主政體與君主政體加以區分，已全無意義。二者如有不同，

---

44. 陳類思：〈維也納航信〉「奧總統不滿西方民主」（香港：《新聞天地》第 1413 期，1975 年 3 月 18 日）
45. 同上。
46. Robert Michels, *Political Pasrties: A Sociological Study of the Oligarchical Tendencies of Modern Democracy*. Translated by Eden and Cedar Paul. (Glencoe, Illinois: The Free Press, 1958) part six, Chapter II. *Democracy and the Iron Law of Oligarchy*. pp. 393ff.

亦只是形式而非實質。人民選出以取代君主的，不過是一群小君主而已。人民並不具有充分的自由與獨立，以指揮國家的生活；反而溫順地讓其基本權利被剝奪。人民保留的唯一權利是經常選擇一群新主人的『定期而可笑的』（climatérique et dérisoire）特權而已。」[47]

他這一段話，與中山先生於 1922 年為上海《新聞報》三十週年紀念而作的一篇文章：「中華民國建設之基礎」裏的一句話，意義頗為近似。中山先生說：

「彼據國家機關者，其始藉人民選舉以獲此資格，其繼則悍然違反人民之意思以行事，而人民亦莫之如何。此今日政治現象所可為痛心疾首者，……」[48]

由此可知，代議民主制度，並沒有如我們想像中一般完美，而我們又何必對「民主政黨」的代議制度抱過大的期望呢？

三、民主政黨之補救──

　　儘管民主政黨有不少缺陷，代議制度也不頂好，但是為了和平解決公共事務之爭議，仍不可沒有「民主政黨」。政黨制度雖然可以影響一個國家的政治，選舉也可能有人操縱；但是，正如蕭公權先生所言：「與其讓不負責無組織的野心

47. Ibid., p. 43.
48. 《國父全書》，頁 1042。

家去暗中操縱，不如讓合法的政黨去公開操縱。」[49]「以政黨作競選的主力，雖然不是全民的競選，但總比官僚包辦、豪紳把持，或惡霸強取要更加接近民主政治一些。」[50]因之，中山先生儘管也對代議民主制度有所批評，卻並不排斥它；而且認為「政黨」是政治的「中心勢力」，「若無政黨則民權不能發達，不能維持國家，亦不能謀人民之幸福。」[51]何況，國民之氣質、社會之風尚，與民族之傳統文化精神，仍為維繫一個國家政治的重要因素。

是以，中山先生對於上述「選賢與能」之缺陷，曾教導我們補救之道曰：

> 「為人民之代表，與受人民之委任者，不但須經選舉，尤須經考試，一掃近日金錢選舉、勢力選舉之惡習，可期為國家得適當之人才，此又庶政清明之本也。」[52]

而且在「國民政府建國大綱」第十五條明文規定：

> 「凡候選及任命官員，無論中央與地方，皆須經中央考試，銓定資格者乃可。」[53]

---

49. 蕭公權：前揭書，頁 347。
50. 同上，頁 348。
51. 《國父全書》，頁 564，演講「黨爭乃代流血之爭」。
52. 《國父全書》，頁 1042，1922 年為上海新聞報三十週年紀念而作「中華民國建設之基礎」。
53. 《國父全書》，頁 156。

中山先生對於上述「代表民意」之缺陷,則教導我們補救之道曰:

「本黨主張之民權主義,為直接民權,國民除選舉權外,並有創制權、複決權、及罷官權,庶足以制裁議會之專恣,即於現行代議制之流弊,亦能為根本之刷新。」[54]

又於 1923 年 1 月 1 日「中國國民黨宣言」裏曰:「現行代議制度,已成民權之弩末,階級選舉,易為少數操縱。欲踐民權之真義,爰有下列之主張:

甲、實行普選制度,廢除以資產為標準之階級選舉。

乙、以人民集會或總投票之方式,直接行使創制、複決、選舉、罷免各權。

丙、確定人民有集會、結社、言論、出版、居住、信仰之絕對自由權[55]。

但是,要預防民主政治之流弊,補救民主政黨代議制之缺陷,吾人認為國民知識程度極端重要。如果人人具備充分的政治知識,則以私利為重的官僚政客,必無以逞其卑鄙手段。關於這個問題,中山先生也考慮到了,所以他在建國大綱第三條就告訴我們:「對於人民之政治知識、能力、政府當訓導之;以行使其選舉權,行使其罷官權,行使其創制權,

---

54. 《國父全書》,頁 757,1923 年 10 月 7 日「中國國民黨為曹錕賄選竊位宣言」。
55. 《國父全書》,頁 753-754。

行使其複決權。」[56] 足見中山先生其主義之體大思精！在政治實務上，為實現真民主吾人認為必須制定政黨法、公職候選人考試法、政治獻金法、選舉防弊法（不只防止賄選，也要防止投開票及計票之舞弊）及公正可行之公民投票法，庶能補救民主政黨之流弊。

第三節　極權政黨之研析

第一項　極權主義之理論基礎

極權政黨植根於極權主義，其所持之理論是反民主政治的。極權主義可分為兩類，一是極權共產主義，一是極權法西斯主義（含極權納粹主義），後者是反共的，但是兩方面之國家都採取一黨專政的極權統治方式，而且辯護其制度最是「民主」。因此中外政治學者都把它們歸為一類——極權主義國家，如今日之共黨國家，第二次世界大戰前的法西斯義大利及納粹德國。《*Today's Isms*》的作者 William Ebenstein 把今日的阿根廷也歸入法西斯主義之行列，名之曰：「貝隆主義」（Peronism）[57]。在二十世紀，第一個對西方民主自由生活方式的反動勢力是共產主義，第二個則為法西斯主義。茲分別說明其所以實行極權制度之理論：

一、**極權共產主義**——此處所言之共產主義包括馬克斯和恩格斯的「科學社會主義」及列寧和史達林的「蘇維埃主

56. 《國父全書》，頁 156。
57. William Ebenstein, *Today's Isms* (Englewood cliffs, New Jersey: Prentice-Hall, Inc., 1975) Seventh edition, p. 130.

義」，也就是通常所稱的「馬列主義」。

　　（一）**馬克斯的無產階級革命理論**——共產主義認為民主政治虛偽不實，偏袒不公；因為代議制度實際上只是代表少數富有階級，故所謂國家，乃成為榨取勞工與壓迫群眾之工具。對於現代自由，斥為資本家獨自享受，猶之當年希臘共和國中，只有奴隸之主人，才能享受自由。共產主義認為賦予民眾普選權利而不能解決其生活，則徒有政治自由而無經濟自由。其實，共產主義者，根本否認個人之價值，且破壞個人之尊嚴。因為他們主張無產階級革命，故對於循序漸進與妥協調和，在理論上均予放棄。共產主義之哲學基礎為唯物史觀，其一貫目標在世界革命，其採取之方法為極權獨裁。馬克斯與恩格斯在 1848 年的「共產主義宣言」（Communist Manifesto）中說：

> 「資產階級每一步驟之發展，即連帶著該一階級在政治方面之前進。……自近代工業與世界市場成立以後，資產階級已在代議制度國家之中，取得其獨占性的政治勢力。現代國家之行政機構，乃只是處理整個資產階級共同事務之一個委員會。」「政治權力，嚴格言之，乃只是一個階級用以壓迫另一個階級之有組織的力量。」[58]

---

[58]浦薛鳳：《現代西洋政治思潮》（臺北：正中書局，1964 年 10 月二版）頁 124-125。

馬克斯又說：「人類社會之全部歷史乃是一部階級鬥爭史……革命目的只有藉武力推翻當前的所有社會條件，才能獲致成功。」這是馬列主義最殘酷可怕的教條，與民主主義所以不同的最清楚的界說[59]。馬克斯並曾指出：「介於資本主義社會與共產社會中間，橫亙著一個革命改造時期；與此並行者亦是一個政治過渡時期，國家只能成為無產階級之革命獨裁……。」[60]可見，馬克斯否定了黑格爾，以民族為社會歷史的有效單位的假定，而以社會階級的鬥爭代替了民族間的鬥爭。因此，馬克斯否定了黑格爾政治哲學的主要因素──民族主義、保守主義及反革命的特性──而轉化為一種新的強而有力的革命激進主義，馬克斯主義乃成為十九世紀社會主義及現代共產主義的前驅。

（二）**列寧的職業革命家理論**──列寧對民主政治之攻擊尤甚於馬克斯。列寧認為自由主義的民主國家，只是「富人之天堂，窮人之陷阱。」因而「工人之政治職務只在納稅。」「每隔幾年抉擇統治階級之中誰去參加國會而壓迫人民──此乃資產階級代議制度之實質真相。」[61]列寧又說：

　　「資本主義社會之民主政治，乃是為極少數人打算，為富有階級打算。我們如果仔細觀察資本主義的民主政治制度……則我們在各方面所發現者，只有對於民主政治之重重疊疊形形色色的限制。這些限制

---

59. William Ebenstein, op. cit., p. 8.
60. 浦薛鳳：前揭書，頁 125。
61. 同上，頁 126。

　　……初看起來，似甚細微，特別是在從未身嘗貧窮滋味、從未與各被壓迫階級群眾生活發生密切接觸的人士看來，確似細微。然而這種種限制加集起來，其結果實將貧窮人排擠摒斥於政治之外，使其不能積極參加政治。」[62]

故列寧認為只有進行無產階級獨裁，方能創造為多數人的民主政治。所以在其小冊子 "What is to be done?"（1902）中提出「職業革命家」（Professional Revolutionary）之概念，這是他對馬克斯主義理論之補充[63]。他認為，共產主義革命運動將依循兩條路線前進，第一，工人應結合為勞工組織，可能的話結合為共產黨，從事公開、合法的活動。第二，在條件許可下，同時組織若干「職業革命家」的祕密小團體，像軍隊和警察一樣，經過嚴格挑選，不顧身分，只要做好工作。組織必須高度紀律及中央集權；經常指導、監督那些由共產黨領導的經濟政治社團，如勞工聯盟、政黨及其他。「職業革命家」像細胞，應滲透到所有現存的社會經濟團體、學校、教會或政黨，最好滲透到軍隊、警察和政府裡面去，永遠把最終目標放在心頭，以革命手段奪取政權[64]。這也許是鄧公玄先生認為共產黨具有「戰鬥性」之原因[65]。

62.同上，頁 126-127。

63.William Ebenstein, op. cit., p. 29.

64.Ibid., pp. 29-30.

65.鄧公玄：《政黨政治之理論與實際》（臺北：中央文物供應社，1953 年 12 月初版）頁 58。列寧認為「職業革命家」應予以訓練使其為革命而奉獻終身。參閱：Sigmund Neumann, (eds.) *Modern Political Parties*. (The University of Chicago press, 1956) p. 399. Said Lenin in 1900: "We must train men and women who will devote to the revolution not merely their spare evenings but the whole of their lives."

（三）**史達林的一黨專政理論**──史達林認為 1936 年之蘇聯憲法為全世界最自由最民主之制度，且強辯雖然一黨專政，仍不失其為「民主政治」。他說：

> 「關於各政黨的自由，我們堅持一些不同的觀點。一個政黨是一個階級的一部分，其最前進的一部分。幾個政黨，以及因此而有的政黨自由，只能存在於某種社會之中；即有仇視對立的階級──例如只有資本家與工人，地主與農民，富農與貧農等等──彼此之利益互相敵對，不能調和的社會中。但在蘇聯，不復有資本家、地主、富農等階級。在蘇聯，只有兩個階級，工人與農民。他們的利益絕不衝突，相反的，他們彼此友善。因此，在蘇聯，並無幾個政黨存在之理由，故而亦無政黨自由存在之理由。……在蘇聯，只有一個黨能存在，即共產黨。它勇敢地維護著工人和農民的利益到底……。
>
> 他們談民主，但什麼是民主？最後分析，民主在資本主義國家，是強者之民主，有財產的少數人之民主。在蘇聯，相反地，民主是勞動人民的民主，亦即全體人民的民主。」[66]

這一段話，是史達林為共產黨一黨專政，也是為其個人獨裁而狡詞強辯的理由。基於此種觀念，蘇聯政府以種種高壓手

66. Merle Fainsod, *How Russia is Ruled*. (Cambridge: Harvard University Press, 1953) p. 129.

段剝奪人民的種種自由人權。其實，正如寇爾森教授所駁斥：假使一個政黨真只是一個階級的一部分而已，假使比一個更多的政黨只能在階級對立仇視之社會存在，則蘇聯毫無理由，不將政黨自由給予各政黨。因為蘇聯歷史明白顯示：1.在仇視對立的階級存在時期，只准共產黨一個政黨存在，2.假使蘇聯已不復有資產階級，但蘇聯這個國家仍未萎謝，必是因為仍有與共產黨對立仇視的階級存在須加取締之故。正因如此，蘇聯並不是一個民主國家，然而，史達林竟自稱 1936 憲法為世界上獨一無二的徹底民主憲法[67]。而鄧公玄先生亦評論說：「列寧明明說無產階級專政在於壓迫有產階級，而史達林則謂只有工人和農人兩個階級。換言之，在蘇聯已經沒有有產階級的存在了，既無有產階級的存在，則共產黨的專政，其目的豈不明明的在於壓迫工人和農民嗎？否則何不讓工人與農人去組織他們的勞工黨和農民黨呢？」[68]

　　二、**極權法西斯主義**——1925 年～1927 年，希特勒在《我的奮鬥》（*Mein Kampf*）中，把其思想面目寫出來，而墨索里尼於 1932 年發表「法西斯主義之原理」（The Doctrine of Fascism）表達了義大利牌的法西斯主義之要義，後者因較具世界性，故曾為世界大多數法西斯主義運動之規範，而納粹主義（Nazism）是德國牌的法西斯主義，不適於向外輸出。雖然沒有所謂「法西斯主義宣言」（Fascist Manifesto）但其要義相同，可概括分述如下：

67.浦薛鳳，前揭書，頁 129。
68.鄧公玄：前揭書，頁 59。

（一）**不相信理性**——法西斯主義反對根源於希臘的西方文明——理性主義。故常情感用事，狂熱盲目，不能冷靜深思熟慮。在義大利法西斯政權期間（1922～1945）全國各地學校每一間教室都懸掛墨索里尼照片，下面寫著「墨索里尼永遠是對的！」（Musselini is always right）而且有其禁諱問題，不許討論批評。歐本斯坦（Ebenstein）認為，從心理學上，個人、團體、政黨或國家中所以有禁諱問題，乃起因於不安或罪惡感，或同時兼而有之[69]。

（二）**否認人類的基本平等**——法西斯社會肯定人類不平等，乃天理之所當然。在此一觀念下，他們認為男人優於女人，軍人優於平民，黨人勝過非黨員，自己國家比人強，強國可侵略弱國，勝者可以處理敗者[70]。

（三）**行為典範基於謊言及暴力**——法西斯主義視政治的特質乃由「敵友」關係所決定，敵人是魔鬼的化身，必須把敵人完全消滅，他們只知道有敵人不知有「反對黨」。故納粹建立集中營和毒氣室來對付德國人民，而後用來對付非德國人。極權政府即在此集中營和奴工營中，摧毀人類的法律和道德。法西斯主義與共產主義所用洗腦辦法，就是要粉碎人的意志，要他公開承認那些他根本就沒有觸犯或不可能獨犯的罪行，並以軍隊用來作為鎮壓的工具[71]。

（四）**精英統治**——他們認為只有少數具有血統、教育或社會地位條件之資格者，才知道什麼是社會國家的最佳福

69. William Ebenstein, op. cit., pp. 119-120.
70. Ibid., pp. 120-121.
71. Ibid., pp. 121-122.

祉，怎樣才能做得最好。這好像是接受柏拉圖的哲君思想（Philosopher-King）。領袖被認為生來有一種天賦的神力、超人的睿智，民意與領袖產生矛盾時，領袖意志優於民意，因為領袖代表公意[72]。他們認為民治政府是違背事理之自然秩序的，社會應由天生的秀異分子來統治，被治者應對國家忠貞不二，任何反對黨均不應存在[73]。

（五）**極權主義**——法西斯主義在人類生活中的極權特質，不僅表現在政府體制，在人民生活方式之中亦使用權力與殘暴，法西斯主義是反女性的，納粹主義者認為女性的最重要任務是洗衣、燒飯、生兒育女——所謂三 K 政策（Kinder, Kuche, Kirche）。因她們不能扛槍，就被視為第二流公民，不能過問黨和政府之領導地位。法西斯主義之手段也是極權的，任何手段無所不用其極，從口頭的威脅到集體屠殺，只求達到目的。關於這一點，拉丁美洲之獨裁者似乎較好一點，如被推翻都能獲准攜眷出國[74]。

（六）**種族主義與帝國主義**——法西斯主義者認為精英人物優於一般人民，可用武力將其意志強加人民頭上，國與

---

72. Ibid., p. 122.

73. Ossip K. Flechtheim (eds.), *Fundamentals of Political Science*. (New York: The Ronald Press Company, 1952) Chapter 19, "*Political Parties, Past and Present*" (by S. Grover Rich, Jr.) p. 337. "According to fascist doctrine, government by the people is an inversion of the natural order of things. Society should be governed by a natural elite, those "born to rule". The ruled should give unquestioning loyalty to the state, opposition of any sort is held to be inherently evil. No class, party, or other divisions should exist society should be one, completely unified."

74. William Ebenstein, op. cit., pp. 123-124.

國之關係亦同，精英之國優於他國，有權統治他國，這可以說是帝國主義者之嘴臉。共產主義雖反對種族主義和帝國主義，但其本身也是帝國主義者，故五十步笑百步而已[75]。

（七）**反對國際法與秩序**──法西斯主義把戰爭當作理想，墨氏曾言：「只有戰爭才能把人類的智能精力發揮到最高限度，把榮耀之章烙印在那些勇敢善戰的人身上。」[76]又說：「雖然文字是很美麗的東西，但是來福槍、機關槍、飛機與大砲卻更美麗得多哩！」[77]可見，法西斯主義是黷武好戰，崇尚戰爭，不愛和平的。任何國際組織的「同意政治」（government by consent）顯然與法西斯的「武力政治」（government by force）互相衝突[78]。可見法西斯主義、共產主義都以武力和戰爭為解決爭端之手段，只是共產黨以階級意識，而法西斯以種族及國家意識為出發點之不同而已。

基於以上之分析，可以證明欲法西斯主義者實行民主政治，實如緣木求魚而不可得。

第二項　極權國家之政黨制度

極權國家基於極權主義理論，建立其一黨獨裁的極權統治制度。其實俄共、納粹、法西斯黨之獨裁，乃是史達林、希特勒、墨索里尼等個人的一人獨裁！他們以黨為永遠把持政權之工具，獨占政府機構，「杜絕其他政黨公平競爭的機

---

75. Ibid., pp. 124-126.
76. Ibid., p. 126.
77. 國立編譯館：《西洋政治思想史》（臺北：正中書局，1962 年 6 月修訂二版）頁 266。
78. William Ebenstein, op. cit., p. 126.

會，則政策已無可觀摩，選民亦無可選擇，一枝獨秀，舉國群空，政黨政治誕生的條件早就消滅，又何從談起呢？所以極權國家如蘇俄各國的共產黨，是以暴力攫奪政權的集團，而不是以政治主張來號召選民的政黨，不能與自由世界的政黨相提並論。」[79]故成為與「民主政黨」性質迥異的「極權政黨」類型！談子民教授對這種一黨制國家的政治，抱著悲觀的看法，他認為：「無監督之一黨政治，猶如脫韁之馬，無煞車疾馳之車，其不敗壞門庭，殺傷人畜，造成慘劇者幾希！」[80]這與亞克湯（Lord Acton）所說之名言：「權力趨向於腐化，絕對之權力，更絕對趨向於腐化。」（Power tends to corrupt, absolute power corrupt absolutely）同具意義[81]！

依據 Austin Ranny 之看法，一黨政治具有兩個特徵：

（一）**黨的組織像軍隊**──本質上，極權政黨之組織像戰鬥中的軍隊，他們公開用軍事上的術語（如前鋒、方陣、先鋒隊）去描述他們自己及工作，政黨是他們的祭司和傳道者。他們雖然沒有忠誠的反對黨（Loyal opposition），但對獨裁政黨來說，在意識上反對者乃不可缺，為合理化其軍事組織、及喚起其黨員狂熱獻身，共產黨或法西斯黨都需要一個不共戴天、誓不兩立的敵人（資本主義者或猶太人），而與他們要拚個你死我活[82]。

79.陳茹玄：〈論兩黨政治〉（收載《政黨政治論集》，臺北：中華文化出版事業委員會，1956 年 10 月初版）頁 20。

80.談子民：《政黨論》（臺北：正中書局，1968 年 8 月初版）頁 61-62。

81.Finer Herman, *Government of Greater European powers*. (New York: Henry Holt and Company, 1956) p. 32.

82.Austin Ranney, *The Governing of men*（August, 1959 臺灣影印本）pp. 334-335.

（二）**黨是統治工具**——第一、黨提供一個緊密的組織，在黨的獨裁暴君要求之口號下，狂熱的運用國家的形式統治機構。第二、黨在國家的群眾及其統治者間，提供一個較為有用的心理上和組織上的橋樑[83]。從這個角度看，共產黨和法西斯黨在本質上是相似的！

然則，共產黨及法西斯黨如何進行其極權統治呢？茲分別說明如下：

一、共產黨專政——

（一）**黨之組織**：1918 年起，共產黨是蘇聯唯一合法政黨，其性質史達林在 1924 年擔任總書記時曾說：「黨首先必須成為工人階級的先鋒，站在工人階級之前頭，為工人階級之模範，領導無產階級而不是尾隨自發的運動背後。因此，黨是無產階級的軍事本部，無產階級組織的最高形式；它充為無產階級專政之武器，派系之存在與黨的統一性及其鐵的紀律是不相容的。」[84]這個觀念，在1936年的「史達林憲法」中予以規定，其第 126 條有下面文字：「黨是勞動人民的先鋒隊，為國家及共和國勞動人民組織的領導核心。」[85]故入黨限制頗為嚴格，須經三個黨員之推薦，至少三年的觀察，而且成功通過一年的見習黨員的種種考驗才行。目前俄共有八百萬名黨員，約占人口的 4%[86]。黨的組織建立在各工廠、集

---

83. Ibid., p. 335.
84. Leslie Lipson, *The Great Issues of Politics*, third Edition. (Englewood Cliffs, N. J.: Prentice—Hall, Inc., 1965) p. 210.
85. Austin Ranney, op. cit., p. 335.
86. Ibid., p. 336.

體農莊及軍隊,其上為市委員會、區委員會、地區和自治邦委員會,最高層為全國黨代表大會,每四年開會一次,由代表大會選舉中央委員,但真正握權的是政治局(Politburo)[87]。

黨的組織原理叫做「民主集中制」(democratic centralism),規定在黨章第 21 條。其特點是,黨員在黨內決定之前,有充分的討論及批評自由,但政策一經決定則不允許批評。然則,什麼是批評自由呢?依 1906 年列寧說:「民主集中制,包含批評的自由,這種批評的自由只為著一種特殊行動的統一性不被破壞;絕不允許對黨的決策行動之統一性有暗中破壞或增加困擾的批評。」[88]可見,黨員並沒有發表不同意見的自由,這是虛偽的「民主」,意味著由黨的統治者決定政策,而其政策可以拘束所有下級黨的組織系統。

(二)**黨之作用**:主要在控制政府及社會機構,據吉拉斯(Milovan Djilas)言,共產黨人控制社會機構之方法有二:1.通過共產黨的黨部,這是原則上與理論上的主要方法;2.通過人事管制,政府中某些重要職務只許由黨員擔任,這是實際常用的方法[89]。南斯拉夫如此,俄共尤然,可見共黨國家並沒有一套文官制度。所以我們可以說,黨是「政府中的政府」(The government of the government),「國家中的國家」(A state within a state),每一政府機構(立法、行政、

87.Ibid.1952 年以前設政治局,1952 年後改為主席團(presidium),迨至 1966 年第 23 屆黨代表大會通過決議又恢復「政治局」舊名。

88.Carter, Gwendalen M. and Herz John H., *Major Foreign Powers*. 4th ed., (New York and Burlingame: Harcount, Brace & world, inc., 1962) p. 265.

89.Milovan Djilas, *The New Class: An Analysis of the Communist System*. (New York: Frederick A. Praeger, Publisher. August 1957) p. 72.

司法）都有黨的組織，政府之所作所為正是黨的領袖所要做的。黨在獨裁國家中是大腦與神經系統[90]。

俄式「民主」，不是民有（Government of the people），也不是民治（Government by the people），而是如蘇俄某權威哲學家所說：「要看所行政策，是否為人民利益，為多數人利益或為少數人利益以為斷。」[91]然則，何種主義表現其政策為人民謀福利呢？馬列主義。又誰能判斷此一主義而無誤呢？共產黨。又共產黨中誰決定黨的路線呢？政治局少數十幾人而已。誰在政治局決定總政策呢？是第一領導人──控制黨、軍隊、和警察的人[92]。這是俄共極權統治之理則。他們認為資本主義民主是一種富人壓迫窮人的獨裁，言論、新聞、結社等基本自由都是「形式的民主」（formal democracy）把生產工具收歸國有的共產黨民主才是「真正的民主」（real democracy）[93]。

可是，事實上，在蘇聯公民生活中，一切均受壓迫和限制，旅行受嚴格限制，某些被認為不可靠的人必被流放到遠方，秘密警察的力量，幾如水銀洩地，無孔不入[94]。

黨在控制選舉方面也發生莫大作用；各種選舉往往只有一個候選人唱獨腳戲，因為與共產黨政見不同者沒有被提名

90. Austin Ranny, op. cit., p. 337.
91. Williams Ebenstein, *Today's Isms*. Seventh edition. (Englewood Cliffs, New Jersey: Prentice—Hall, Inc., 1975) p. 140. cited from G. F. Aleksandrov, *The Pattern of Soviet Democracy*, 1948)
92. Ibid., p. 140.
93. Ibid.
94. Merle Fainsod, *How Russia is Ruled* (Cambridge: Harvard University Press, 1953) p. 478. See: "*The Soviet Control System*".

的機會，但人民不投票也不行，根據納粹主義者希特勒說：「組織與宣傳是一個硬幣的兩面。」（Organization and propaganda are two sides of the same coin）[95]共產黨也服膺這個教條，許多工人被訓練去做宣傳工作，故 1950 年莫斯科的「史達林選區」投票率高達百分之百，1954 年最高蘇維埃代表的選舉，投票率高達 99.98%。而選舉工作也是給共黨幹部一個表現的機會[96]。──這是俄共辦選舉之真相。

總之，共產黨絕非西方民主觀念中的政黨，它是獨裁者控制人民及國家不可缺的工具。

二、法西斯黨獨裁──

法西斯義大利樹立了近代獨裁政治的典型。墨索里尼取得義大利政權，以其所組織的法西斯主義藍衣隊，作為壓制一切反對黨的工具，並逐漸控制全國政府機構，使其成為法西斯之機構，同時又設置許多機構，控制全國經濟，以適應其所謂「組合國家」（Corporate state）之需要。什麼是組合國家呢？1933 年 11 月 14 日墨索里尼說：「組合國家之基本要義，就是一個政黨、一個極權政府和一種強烈的思想緊張氣氛。」[97]

法西斯主義名義上以法西斯黨統治義大利，實際上是墨索里尼的個人獨裁，以秘密警察和特別法庭，來消除一切反

95. Hannah Arendt, *The Origins of Totalitarianism*. (New York: Harcourt, Brace and Company, 1951) p. 353.
96. Neumann Robert G., *European and Comparative Government*, 2nd ed. (The McGraw—Hill Book Co.Inc. Press, 1955) pp. 576-577.
97. William Ebenstein, op. cit., p. 129.

對勢力。行政、立法、司法集於一身，因禁止其他政黨之活動，一切政府機構皆由法西斯黨控制，法西斯黨又為墨索里尼一人獨斷，故黨政兩套機構實為一體[98]。

（一）**黨之組織**：法西斯黨之組織極為嚴密，其全名叫「國家法西斯黨」（National Fascist Party）。入黨必須宣誓，其誓詞中曰：「在上帝和義大利名下，我發誓我將無異議地服從領袖的命令。」[99]因法西斯黨的機構與政府的機構不但完全相等，且事實乃為「政府中之政府」，故義大利法院乃正式宣布法西斯黨為法定機關，黨工人員亦即為政府公務人員。若干法西斯黨的主要機構，也和國家正式官署一樣，成為政府的一部分。如法西斯的大參議會（Fascist Grand Council）便成為義大利最有權威的機關，有外交、修改憲法、制定憲法、訂定各機關法規及決定王位與法西斯黨首領繼承等大權。總之，法西斯義大利和其他一黨專政國家一樣，政黨與政府混而為一，幾無分開的可能[100]！

（二）**黨之作用**：法西斯黨之作用有五，而且幾乎與共產黨一樣：

1. 作為政府機關的橋樑。

2. 作為對地方政府的控制工具。

3. 使群眾與獨裁者結合。

---

98. 鄧公玄：〈義大利的政黨政治〉（收載國民大會秘書處編《各國政黨政治》）頁 157。

99. Leslie Lipson, *The Great Issues of Politics*. op. cit., p. 209. "In the name of God and of Italy, I swear that I will obey the orders of the Leader without questioning".

100. 鄧公玄：前揭文，頁 158-159。

4. 作為黨化群眾之工具。

5. 作為實施紀律的鞭子。[101]

特別一提的是，法西斯黨控制了全國一切經濟文化活動。墨索里尼提出「整體主義」（totalitarianism）的政治觀念，將國內一切經濟、文化與道德等社會制度，代之以國家指導的企業。國家控制每一個人或團體的行動和利益，除非國家許可，否則不得組織政黨、貿易公司及工商社團。除非在國家規定之下，否則不得隨意製造、營業或工作，連作息時間也在國家控制之下。除非在國家指導下，否則不可出版刊物或集會[102]。……一切均在國家的監督下，人民毫無自由可言。易言之，也就是以嚴格的紀律實施於一般社會制度之上，使獨裁之權力不受任何限制，政府乃擁有企業家與雇主兩種性質，而人民則只有在法西斯黨之支配下無條件投降，聽其為所欲為。誠如 Ebenstein 所言：「養有秘密警察、設有集中營的一黨國家，為法西斯主義政治的一面；而組合主義則為它的社會與經濟的一面。法西斯主義者以無限的國家權威取代個人自由的中心思想，反對自由福利的經濟觀念。」[103]墨索里尼曾為其國民訂下六字標語：「信仰（believe）、服從（obey）、戰鬥（fight）」。而希特勒的《我的奮鬥》（*Mein Kampf*）則為納粹運動的聖經[104]。可見法西斯主義雖以反共為旗幟，但其方法完全以共產黨之方式如法泡製。

101.同上，頁 159。

102.George H. Sabine. A History of Political Theory. (New York: Henry Holt and Company, 1949) p. 764.

103.William Ebenstein, op. cit., p. 128.

104.Leslie Lipson, op. cit., p. 209.

所有法西斯主義的獨裁者，一如共產主義獨裁者，不許任何其他黨派存在，因沒有反對黨候選人參與競選，故沒有正常之選舉，其選舉乃成為古羅馬式的平民表決，選民投票只對重大問題表示「是」或「否」的意思，且常有 99.6%的選民擁護獨裁者[105]。可是，1945 年 4 月 28 日，法西斯主義者墨索里尼終為憤怒的群眾所處死，此一代狂人兼獨夫，遂身首異處而遺臭萬年[106]。

第三項　極權政黨之檢討

瞭解極權政黨之面目後，吾人僅提出兩個核心問題來討論，俾便判斷民主與極權之價值誰何：

一、關於「政權轉移」問題——法西斯義大利與納粹德國未曾發生政權轉移問題，因為兩個政權是在他們自己發動的戰爭中失敗而垮臺，但俄共在列寧、史達林死後及赫魯雪夫下臺均發生問題。

由於一黨制往往是一黨專政，因之也與個人獨裁不可分，其原因是，在一黨專制之下，沒有聽取異見的雅量，假使在黨內而不是絕對獨裁，則由於意見之分歧，必然造成派系，派系衝突而無法解決，則勢必走到內部分裂一途，而分裂是一黨專政所不容許的。是以，凡是一黨制之政治，無不表現為獨裁主義。在這種政治體制之下，執政權既無法從選舉中獲得，政治野心家，難免不採取陰謀手段。這個結論，

---

105. William Ebenstein, op. cit., p. 131.
106. 鄧公玄：前揭文，頁 161。

證諸蘇俄 1917 年以來之歷史實信而有徵。

俄國是世界上黨爭最激烈的國家，其派系鬥爭，不僅限於政見，且涉及權位，鬥爭方法不僅用語言和文字攻擊對方，且採用恐怖手段消滅對方，故常造成嚴重的傾軋和殘酷的黨禍。

1924 年 1 月 21 日列寧逝世於莫斯科近郊的奇爾基，當他行將逝世時，各種會議都指派托洛茨基代表出席，作政治報告及各種指示。逝後有一遺囑暗示有撤換史達林中央總書記職務之意，但當時中央領導權握在史達林之手，決定將列寧的遺囑扣留起來，不予發表。因之同年秋，托洛茨基與史達林遂互以文字攻擊，兩人呈短兵相接現象[107]。史達林大權獨攬，逐漸走上獨裁之路，但最初幾年因實力不足，只採取溫和方法與黨內元老政要鬥爭，及至環境趨於安定，自己之實力亦雄厚，乃用殘酷毒辣手段屠殺所有政敵，造成空前慘禍[108]。

首先第一個被謀殺的，是表面親近而心懷忌恨的基洛夫，這是大謀殺與大清黨之開端。史達林將基洛夫刺死後，便以嫁禍於人的方式，將托洛茨基、季諾維埃夫、加米涅夫和布哈林等人都羅織在案中，任意株連，指他們是謀刺基洛夫的兇手主使者，要陰謀顛伏蘇維埃政府。既以此罪狀加之，自然都不免一死。此案發生於 1934 年，直至 1939 年才告一段落，時間歷六年，被株連處死、監禁、流放與罰勞役的人不下

---

107. 王思誠：《俄國的黨爭》（臺北：中山出版社，1953 年 10 月 10 日初版）頁 32。
108. 同上，頁 33。

千萬人[109]。可怕的是，當基洛夫死後，他的屍體曾由史達林親自從列寧格勒伴運到莫斯科，並俯伏屍身與死者親吻，臉上還顯現著十分憂戚的樣子，以表示他對死者的親愛與哀悼。[110]

此次慘禍，革命元勳、紅軍將領以至執行謀殺的劊子手無一倖免，1917 年俄共第六次代表大會選出的二十一個中央委員內有十一人遭犧牲，成為史達林獨裁政治的祭品。軍事將領中也犧牲不少——五個元帥中的三個，十一個國防部副部長，八十個海陸軍將官中的七十五個，百分之九十的所有將官，百分之八十的所有校官，以及大約三萬名其他階級的軍官，都先後被殺[111]。

黨政要人方面，在 1937 年一年間，就有九個過去的政治局委員，十八位部長級人物，五十位副部長級人物，四十位候補中央執行委員，都被謀殺或放逐[112]。在外交人員方面，十六個大使和公使被處死，不少高級人員失蹤。而在其大謀殺大清黨進行中，先後擔任特務頭子的仍不能挽救被判死刑之命運。因為史達林不願留下一點痕跡，以暴露其實施大清黨大謀殺之秘密[113]。

史達林死後，類似的權力鬥爭一再重演。這種以暴力整肅異己，始能保全權力地位的慘酷鬥爭，在實行兩黨制民主選舉的英美等國家是不必要的！然則觀乎俄共魁首為爭奪權

109.同上，頁 38。
110.同上，頁 40。
111.同上，頁 41。
112.同上。
113.同上，頁 42。

位的繼承權，竟不惜出此慘絕人寰卑鄙邪惡的恐怖手段，謀殺其同類，凡有血性者，能不為之心寒？

二、關於「人民權利」問題——從馬克斯的無產階級革命理論、列寧的職業革命家理論、史達林的一黨專政理論以及墨索里尼、希特勒的種族主義看來，很容易給人一種錯覺，以為共產主義是為窮人造福的主義，而法西斯主義是謀國家富強的主義，其實，真正實行，不但不能為人民謀幸福，反而剝奪了人民的基本自由權利；不但不能使國家富強，反而遭致國家的毀滅，增加人民的苦難。在極權主義下生活的人民，對「鐵」存在著警覺，而極權政府仍視為主要的控制社會之工具[114]。人類最為可貴的權利，乃是在精神上擁有免於恐懼的自由；在物質上擁有免於匱乏的自由。可是在共產主義和法西斯主義（兩者為一丘之貉）天下，這兩種自由隨時都可能受到威脅。

就以之前的東德來說，人民已經不堪共黨之壓迫，而有爭取人權之行動了。東德是個專制獨裁的共黨國家，人民並無憲法上所保障的自由，三十年來許多人以腳代手進行投票逃向西方，東德「德意志社會統一黨」黨內的反對派——「德意志民主共產黨人聯盟」，1978 年初在西德著名刊物《明鏡週刊》發表宣言，提出下列綱領：

（一）反對東德「社會統一黨」的專政，因它就是政治局一小撮人的私人專政。

---

114. Bouer, Raymond A., Alex Inkeles, & Clyde Kluckhohn, *How the Soviet System Works*. (New York: Vinlage Books, A division of Random House press, 1961) pp. 23-26.

（二）反對「無產階級專政」，因它就是官僚階級專政及反對人民的代名詞。

（三）要求採用多黨制，在全德範圍內，准許東西德的所有政黨合法活動。

（四）要求由選民自由選舉的完全獨立的議會，以秘密自由投票方式，建立全德國民議會。

此外，宣言也要求最高法院的獨立性。因為在極權主義社會中「無權力的精神，必須向無精神的權力低頭」，完全無法獲得法律的保障。另外，宣言又要求廢除「民主集中制」，因它是反民主的。因而宣言認為列寧關於黨、民主或國家之概念完全錯誤，而主張真正保障集會、新聞、結社與信仰之完全自由[115]。

這份宣言，說明了人性的尊嚴已在東德鐵幕裏發生胎動！也可能要敲打極權主義的喪鐘！

誠如曾先後做過南斯拉夫部長、副總理和聯邦國會議長的吉拉斯（Milovan Djilas）所言：「人類是不能夠馴服的，不能以之納入一個理想的模型之內，更不能限制他們活動範圍和規定他們的命運。」[116]可是極權政黨想要以鐵的紀律來控制全體人民的精神生活與物質生活，其最後必敗，是可斷言的！

---

115. 白魯雪夫：〈紅色普魯士在動搖中〉（載香港《新聞天地》1563 期，頁 7-8，1978 年 1 月 28 日出版）

116. Milovan Djilas, *The Unperfect Society*. 1969. 葉蒼譯《不完美的社會》（香港，今日世界社出版，1975 年 11 月三版）引言頁 9-10。

同時，也正如歐本斯坦（William Ebenstein）所言：「任何人都只能抓到真理的一部分，亦無任何社團能為全體人類發言……歷史上許多意見在某時代被認為四海皆準，百世不惑的最後真理，但時移勢易，卻又被後世證明不過是荒唐可笑的謬論。」[117]共產黨說他們要建立一個無階級的社會，可是，在共產世界，平等主義只是一個空洞的名詞，統治者、黨政高級官員、國家企業經理和藝術及體育界的超級明星，卻已成為享受特權的「新階級」[118]。共產主義社會不單不能朝著人類博愛平等方面發展，並且在黨官僚制度中產生了一個特權的社會階層[119]；這也是有事實根據的。如毛澤東在 1949 年占據中國大陸後，中共各頭目立刻遷進被沒收的豪華大廈，並指定北戴河為中共政治局委員的避暑勝地，連江青的北京狗也穿著用外國毛料特製的背心[120]。

極權政黨不允許其他人成立政黨，他們堅持這個「真理」，他們從這個觀點出發，便有一段通過「一黨專政」的捷徑。其實，多過一黨以上的社會，可以表現出一種民主原則，民主主義認為對各種問題，都至少有正反兩面的見解，「對方的意見也必須聽取」（The other side must also be heard—audiatur et altera psars）[121]，不使別人有話悶在肚子裏，問題也就少了。可是，無論法西斯主義或共產主義的政黨，

---

117. William Ebenstein, op. cit., p. 167.
118. See: TIME, March 13, 1978. A Special Report *"Socialism: Trials and Errors"* p. 15. *"Equality and the New Elite."*
119. 同註 116，引言頁 4。
120. 同註 118。
121. William Ebenstein, op. cit., 158.

不容許個人有自作主張自我表現的機會，更不許有發表不同意見的自由，這是違反人性的。其實從心理學上看，這個自我表現、自作主張的需要，一如安全感之渴望，深植在人性之中。歐本斯坦（Ebenstein）認為在極權社會似只提供兩種發表方式，那就是在獨裁政黨與政府中「對上逢迎、對下擠壓」，只有領袖人物才不要再逢迎任何人──只壓抑人。在他之下，黨及其政府中每一分子，雖都必須向上面某些人叩頭作揖，但回過頭來，又可要人家向他卑恭屈膝，唯命是從[122]。這將只有以教條為思想經典和效命的目標，情感上槁木死灰，想像力不能舒展，過分關心身分地位勢力，對自己的同黨一味愚忠，對非我族類，則絕對排斥。在社會群體關係上，只強調紀律服從的嚴格不貸，而不知天性自由為何物[123]。

三、結論：一黨制之形態，實質上可分為三種即：

（一）一黨專制（One-party authoritarian）──只有一個政黨，信奉某種意識形態或理念，但統治尚未達極權地步。

（二）一黨多元制（One-party Pluralistic）──如今日許多非洲新國家之政黨。（三）一黨極權制（One-party totalitarian）──如共產黨。誠如江炳倫教授所言：「我們不否認獨黨政權在國家建立的初期，在某些方面，可能具有相當程度的貢獻。當國家遭遇著嚴重的危機時，也常須靠一個強有力的政黨掌持大局。不過，從政治發展的最主要的內涵分析，我們認為一黨專政只能被視為暫時的權宜之計，不應該被舉為政

122. Ibid., p. 117.
123. Ibid., pp. 116-117.

治發展的正途。」[124]浦薛鳳教授也持相同看法，他認為：「如以一黨政治為短暫的過渡辦法，以之應付非常而同時培植民主制度，殆亦合理。若欲奉為典範，維持永久，則既不符合民主精神，又必使用暴力壓迫與殘殺，如今日的俄帝然，否則在民主潮流中勢難繼續。另一方面，健全的民主政體，自能適應需要，應付非常正不必以毒攻毒，有待於一黨政治，蓋民主國家亦能意志集中，力量集中，控制靈活、指揮如意，較諸一黨專政國家有過之而無不及。此觀於英美兩國政府在第一次與第二次世界大戰時期之良好經驗可知。」[125]吾人深有同感！而至今日，尚有仿效法西斯主義之國家，將過去的殺人魔獨夫，供奉在紀念的殿堂，這是人類的恥辱。

中山先生組黨革命之目的，吾人從其言論思想加以深入探討所得結論，敢說中山先生儘管不以代議「民主政黨」政治為理想制度，且在 1923 年學習俄共組織方式改組國民黨，但在精神上毫無極權意識，絕非想移植「極權政黨」制度實行於中國，這是我們必須認識清楚的。關於他的政黨思想之真義，吾人將繼續論列於後。

第四節　孫中山政黨思想之真義

吾人對「民主政黨」及「極權政黨」做過一番研討和分析之後，馬上想到的問題是，中山先生政黨思想的真義是什

124.江炳倫：〈談政黨與政治發展〉（載《東方雜誌》復刊第 6 卷第 4 期）頁 39。
125.浦薛鳳：《政治論叢》（臺北：正中書局，1967 年 9 月二版）頁 287-288。

麼？從第三章孫中山政黨思想之理論看，我們知道中山先生關於政黨之遺言，有屬於民主政黨性質者，有屬於革命黨性質者。以組織（黨紀）一項來說，就有不同的說明，在普通民主政黨自由進退視為當然；在革命黨則入黨須宣誓，紀律貴服從。中山先生組黨係以革命建國為目的，因未能及身看到建國成功，吾人自也沒有能夠看到他「以黨治國」的機會。加以中國國民黨的改組係「以俄為師」，是以，我們有必要探討中山先生政黨思想之本義，尤其應分辨中國國民黨與俄共本質上之差異，庶能理解中山先生政黨思想之真精神。吾人同意崔書琴先生的一句話：「一般的說來，任何偉大的與有計畫的革命家，都有三個問題需要次第解決，首先是實際的爭取政權。這個問題解決以後，他必須設法鞏固所獲得的政權，並從事建立新社會的準備工作。最後便是如何實現革命開始時所抱的理想。」[126]明乎此，對中山先生政黨思想也就容易理解了。中山先生於 1924 年 4 月 12 日親自訂定「國民政府建國大綱」二十五條，確立革命建國的進行程序，其中第五條規定：「建設之程序分為三期：一曰軍政時期，二曰訓政時期，三曰憲政時期。」由此，吾人推斷中山先生政黨思想之真義有三：即 1.以黨建國實行革命政治，2.以黨治國實行輔導政治，3.政權公開實行政黨政治。茲分三項說明之：

126.崔書琴：《三民主義新論》（臺北：臺灣商務印書館，1972 年 10 月修訂十版）頁 115。

第一項　以黨建國實行革命政治

所謂「以黨建國」也就是「軍政時期」之任務,「在軍政時期,一切制度悉隸於軍政之下。政府一面用兵力,以掃除國內之障礙;一面宣傳主義,以開化全國之人心;而促進國家之統一。」[127]在國家未建設起來的時候,黨之使命在於掃除國內障礙。其辦法不但要用革命武力,而且要注重宣傳主義,以收攬民心。1923 年 10 月 15 日中山先生在廣州中國國民黨懇親大會訓詞:「黨員不可存心做官」,其中有言:

> 「辛亥革命,推翻滿清,創造民國,一直到今日,徒有民國之名,毫無民國之實。關於民國的幸福,人民絲毫都沒有享到。今年是民國十二年,在這十二年之中,人民不但是沒有享民國的幸福,並且各省發生戰爭,到處都有兵變,年年都是受痛苦。這是什麼原故呢?就是由於革命沒有成功。因為革命沒有成功,所以真正的民國,無從建設。我們從此要建設民國,所以還要來革命。民國一天沒有建設好,本黨就要奮鬥一天,諸君都是本黨黨員,便要擔負這個奮鬥的責任。」[128]

這是「以黨建國」的說明。事實上,民國成立以後之所以未能底定全局,乃因為革命之「破壞」不徹底之故。關於這個

---

127. 《國父全書》,頁 156,「建國大綱」第 6 條。
128. 《國父全書》,頁 929。

問題，中山先生亦曾剴切言之曰：

> 「夫一般人以為革命黨人祇知破壞，不能建設，此
> 大誤也。就吾黨觀之，祇見其急於建設，不能待破壞
> 之完成，所以無用舊物，尚多留置，未經破壞。吾人
> 雖革去滿洲皇統，而尚留陳腐之官僚統系，未予掃
> 除，此真吾輩破壞之道未工之過也。吾人所已破壞者
> ─專制政治，而今三專制政治起而代之，又加惡焉！
> 於是官僚、軍閥、陰謀政客攬有民國之最高權矣！」[129]

因此，如不將這些官僚、軍閥、陰謀政客等等障礙掃除的話，
國家是不可能建設起來的。中山先生這個「以黨建國」實行
「革命政治」之觀念，早在民前七年（1905），已在「中國
同盟會軍政府宣言」之中提過了。他緊接著此宣言提出「驅
除韃虜、恢復中華、建立民國、平均地權」四綱之後，說明
「措施之序、則分為三期。第一期為軍法之治。義師既起，
各地反正，土地人民，新脫滿州之羈絆，臨敵者宜同仇敵愾，
內輯族人，外禦寇仇，軍隊與人民同受治於軍法之下。軍隊為
人民戮力破敵，人民供軍隊之需要，及不妨其安寧。既破敵者，
及未破敵之地方行政，軍政府總攬之，以次掃除積弊。」[130]什
麼積弊呢？其一，「政治之害──如政府之壓制，官吏之貪
婪，差役之勒索，刑罰之殘酷，抽捐之橫暴，辮髮之屈

---

129. 《國父全書》，頁 882-883，1919 年 10 月 8 日在上海寰球中國學生會演
講「救國之急務」。
130. 《國父全書》，頁 393。

辱」，凡此等等弊病，都要「與滿州勢力同時斬絕」。而民國之未能成功，實因上述積弊未「與滿州勢力同時斬絕」之故。其二，「風俗之害——如奴婢之蓄養，纏足之殘忍，鴉片之流毒，風水之阻害，亦一切禁止。」[131]可是，民國成立，此等惡習仍留置中國社會之中，沒有去除。是以，革命家而欲改造政治社會制度，捨行「革命政治」（軍法之治）是不可能達成目的的！中山先生曾感慨系之的說：

> 「……惟本黨主義，伐罪吊民，國賊一日未除，則
> 仔肩不容苟卸。自民國十三年來，龍蛇群動，戰血玄
> 黃，名則號曰共和，實則甚於專制，邇更軍閥橫行，
> 政孽肆毒，生民憔悴，舉國徬徨，不有救濟勢必淪胥
> 以滅也。」[132]

然則，如何「救濟」呢？當然只有重整旗鼓以進行，故有1924 年之大改組。他說：

> 「從今天起，要把以前的革命精神恢復起來，把革
> 命黨改組。這都是由於我們知道要改造國家，非有很
> 大力量的政黨是做不成功的。非有很正確共同的目
> 標，不能夠改造得好。我從前見得中國太紛亂了，民
> 智太幼稚，國民沒有正確的政治思想，所以便主張
> 『以黨治國』，但到今天想想，我覺得這句話還是太

131.同上。
132.《國父全書》，頁 841，1924 年 2 月 1 日致「彭世洛分部同志暨卓承業、
　　郭南唐勉繼續努力黨務籌集餉項函」。

早，此刻的國家，還是太亂。……所以現在國民黨的責任，還是要先建國，尚未到治國。」[133]

易言之，中國國民黨改組之目的蓋為了繼續完成過去不徹底的革命建國工作！因為「我們現在並無國可治，祇可說以黨建國，待國建好，再去治它。」[134]

至於「以黨建國」進行之辦法如何呢？中山先生頗感人才羅致對革命建國之重要性。1922 年 10 月 11 日在「覆四川支部宣揚黨義團結同志函」中說：

> 「近察各方趨向，漸已了解欲救中國，非實行本黨主義不可，大有群蟻附羶之象。本黨為容納群材，擴張黨勢起見，刻正審籌改進方略，俟妥善，再行通告。」[135]

可見，欲完成革命建國事業，非容納群材，擴張黨勢是不行的！然則，欲容納的是何等人才呢？有兩類，一類是「文才」，一類是「武才」，此兩才皆為革命建國不可缺，武才即軍人，為從事軍事奮鬥之人員；文才為知識分子，為從事宣傳工作之人員，可謂革命建國之兩大力量，此兩大力量均應由革命黨來領導。他說：

---

133. 《國父全書》，頁 959，1924 年 1 月 20 日在廣州中國國民黨第 1 次全國代表大會致開會詞「革命成功在乎革命黨員有團體」。
134. 《國父全書》，頁 962，1924 年 1 月 20 日，在廣州中國國民黨第 1 次全國代表大會演講「組織國民政府案之說明」。
135. 《國父全書》，頁 809。

> 「我們國民黨就是革命黨，革命的方法，有軍事的
> 奮鬥，有宣傳的奮鬥。軍事的奮鬥，是推翻不良的政
> 府，趕走一般軍閥官僚。宣傳的奮鬥，是改變不良的
> 社會，感化人群。」[136]

此二種力量比較起來，黨人之宣傳工作，尤為重要。1922 年
10 月 17 日「致覺民日報嘉慰為討陳盡力宣傳函」中，曾引拿
破崙之言：「報紙功力勝於三千毛瑟」，以強調宣傳工作對
於革命建國的重要性[137]！1923 年 12 月 9 日中山先生在廣州大
本營演講「軍隊戰勝與黨員奮鬥」時又說：

> 「吾黨歷年來革命奮鬥功夫，尚未周密，以及屢遭
> 失敗；吾黨革命未成功以前，黨人多肯奮鬥，及成功
> 後，則遽行停止，轉而全靠軍隊來奮鬥。今由俄國觀
> 之；則黨人奮鬥，始能為最後之成功。」

又說：

> 「我們當知軍隊革命成功非成功；黨人革命成功，
> 乃真成功；以前吾人所不知的，現在可以明白了。」[138]

吾人觀乎中國革命運動，二次革命之後，形成軍閥割據之局，
沒有革命基本武力，亦未能徹底宣傳主義，而仍採南征北討、

---

136. 《國父全書》，頁 931，1923 年 10 月 15 日在廣州中國國民黨懇親大會
　　訓詞「黨員不可存心做官」。
137. 《國父全書》，頁 810。
138. 《國父全書》，頁 944。

東西轉戰之方法，實為失敗之主要原因。是以，「以俄為師」，主要即在效法俄共之組織及宣傳策略，用以鼓動風潮，造成時勢，完成建國使命。為此，中國國民黨乃辦了兩個學校：

一、**黃埔軍官學校**：在 1924 年 6 月 16 日開學，招收五百名「武學生」，用以掃除國內之障礙。這些青年即為後來北伐軍之主力。

二、**宣傳學校**：亦即 1923 年 7 月在廣州成立的「宣傳講習所」。招收「文學生」施以教育及訓練，俾成為能運動群眾，組織政治之革命人才，負起宣傳主義之使命，用以開化全國之人心。

兩個學校均在國民黨組成的軍政府統屬之下，「以嚴格之規律的精神，樹立本黨組織之基礎……取得政權，克服民敵。」[139]進行「革命政治」工作。在這個「軍政時期」而要談「自由」談「民主」，那是不切實際的！但吾人須記取：中山先生「以黨建國」只是一個過程，而絕非他的政治主張之本義與終極目標，他的政治主張之本義與終極目標是實行三民主義和五權憲法。

第二項　以黨治國實行輔導政治

建國大綱第七條規定：「凡一省完全底定之日，則為訓政開始之時，而軍政停止之日。」[140]可見訓政時期是分省而實

---

139. 《國父全書》，頁 316，1924 年 1 月 3 日，中國國民黨第 1 次全國代表大會宣言。
140. 《國父全書》，頁 156。

施的，一省完全底定，沒有反革命障礙存在時，即可實施訓政工作。「訓政」這個觀念早在 1914 年「中華革命黨黨章」裏，就可看出來。黨章第四條規定：「本黨進行秩序，分做三個時期……二、訓政時期。此期以文明法理，督率國民，建設地方自治。」[141]這是「訓政」二字的首次出現。可是，1920 年 10 月改正的總章第三條，刪除了「訓政時期」的規定，而合併於軍政時期：「此期以積極武力，掃除一切障礙，奠定民國基礎。同時由政府訓政，以文明法理，督率國民建設地方自治。」[142]到 1924 年建國大綱才又把它分開，明定「訓政時期」，但不提「約法」，而決定實行「以黨治國」政策。

「訓政時期」政府應辦些什麼事呢？「政府當派曾經訓練、考試合格之員，到各縣協助人民籌備自治。……而其人民曾受四權使用之訓練，而完畢其國民之義務，誓行革命之主義者，得選舉縣官，以執行一縣之事；得選舉議員，以議立一縣之法律；始成為一完全自治之縣。」[143]質言之，中山先生革命建國是打算從基層做起的。為了使基層人民能行使四權，「對於人民之政治知識、能力，政府當訓導之；」[144]可見在中山先生之意，「訓政」之目的，在教導人民，使其具備政治知識和能力。1920 年 11 月 9 日，他在上海中國國民黨本

141.鄒魯：《中國國民黨史稿》（臺北：臺灣商務印書館，1966 年 10 月三版）頁 166。
142.同上，頁 336。
143.《國父全書》，頁 156，「建國大綱」第 8 條。
144.同上，第 3 條。

部會議席上演講：「訓政之解釋」時說：

> 「本來，政治主權是在人民，我們怎麼好包攬去做
> 呢？其實，我們革命，就是要將政治攬在我們手裏來
> 做。這種辦法，事實上不得不然。試看民國已經成立
> 了九年，一般人民還是不懂共和的真趣，所以迫得我
> 們再要革命。現在我不單是用革命去掃除那惡劣政
> 治，還要用革命的手段去建設，所以叫做訓政。……
> 須知共和國皇帝就是人民，以五千年來被壓做奴隸的
> 人民，一旦抬他作起皇帝，定然是不會作的。所以我
> 們革命黨人應該來教訓他，如伊尹訓太甲一樣。」[145]

由此可知「訓政」是繼「非常破壞」之後的「非常建設」工
作。其目的是制止國內反革命運動，並培養人民之政治知識
和能力，使人民「會作皇帝」；實寓有教育民眾行使政權，
協助人民辦理自治之意義。是以，吾人試名之曰：「輔導政
治」。當然這個時期的任務也是在國民黨人之肩膀上。

談到「訓政」，使人想到俄共的「無產階級獨裁」。依
馬列主義者的說法，「無產階級獨裁」，也只是一個過渡辦
法，但是兩者有什麼不同呢？正如前面所述及，「訓政」之
思想，中山先生早在俄國革命（1917）以前的 1905 年（民前
七年）就發生，而且寫在同盟會軍政府宣言中，名曰：「約
法之治」。就以 1914 年中華革命黨黨章中正式規定「訓政時

145.《國父全書》，頁 887-888。

期」來說，也早於俄國革命，故絕不能說中山先生訓政之主張是受聯俄之影響的。

吾人認為「訓政」與「無產階級獨裁」起碼有下列幾點差別：

一、**目的不同**──「訓政」之目的在準備建立一個「三民主義共和國」；「無產階級獨裁」之目的在準備實現「共產主義」。故國民黨沒有階級性，「第一次全國代表大會宣言」所發表的「國民黨之政綱」，其對內政策第四條更明白規定「實行普通選舉制，廢除以資產為標準之階級選舉」。可見國民黨不但不欣賞歐美資本主義國家，以財富為標準來劃分有無選舉權的不平等作法；更不苟同具有階級性的俄共之「無產階級獨裁」，來專門壓迫資產階級的無人道作法。

二、**方法不同**──「訓政」之方法，雖承認須「制止反革命運動，芟除實行主義之一切障礙」，但沒有在「軍政時期」過後再使用武力之必要。因為反革命勢力已在軍政時期掃蕩完了，訓政時期之工作，主要在宣傳主義，開化民心，避免為人利用，陷於反革命而不自知；並訓練人民之政治能力，故富有教育性。此期所謂「革命手段」吾人認為並非指武力，而是指「強迫教育」。而「無產階級獨裁」之手段都是以武力為主的，列寧曾說獨裁是一種鐵的統治。

三、**政治制度不同**──中山先生主張在訓政時期扶植民治，實行「地方自治制度」。由縣而省，一完全自治之縣，人民可行使四權，凡一省全數之縣皆達完全自治者，則為一省的憲政開始時期。反之「無產階級獨裁」之下的俄共，實

行列寧提倡的「中央集權制度」。列寧說巴黎公社的政治制度就是中央集權主義。

此外，吾人須知訓政時期，固然要「以黨治國」，而其涵義如何？所謂「以黨治國」，吾人認為是「以黨領政」之意。也可以說其本意是過渡性的「一黨政治」。中山先生在1921年以後經常提到「以黨治國」四個字。如1921年6月在廣州中國國民黨特設辦事處演講：「三民主義之具體辦法」時，他說：

> 「記得我們這次回廣東來的時候，路過香港，便有一家報紙說我們這次回粵；並不是粵人治粵，實在是黨人治粵。我想那個說這一句話的人，固然是別有用意，不過我們也是很願意承認的，並且從今以後，還更要主張那『黨人治粵』，因為以黨治國，英國美國是有先例可援的……我們要達到以黨治國的目的，此刻便應趕快下手，結合團體……。」[146]

由這段話，可知中山先生「以黨治國」之意義與英美之執政黨的「政黨政治」，無多差異，只是國民黨既以實行三民主義為職志，則在「三民主義共和國」未完全建立起來以前，自亦應由中山先生領導的國民黨來從事三民主義的「非常建設」。這個「以黨治國」的「非常建設」在為正常的國家生活而鋪路！三民主義憲法頒布了，也就是路鋪好了。當然凡是「三民主義共和國」之國民，均可以漫步或開車疾駛，但

---

146. 《國父全書》，頁893。

必須遵守「交通規則」──法律──大家一齊快快樂樂地過著自由民主的幸福生活！我想這是中山先生「以黨治國」之真義所在，因之，他才說：「如果從今以後，在廣東真是能夠實行本黨底主義，也是我們粵人莫大的幸福！」[147]

然則，「以黨治國」與「一黨專政」有何區別呢？1920年5月16日中山先生在上海國民黨本部考績訓詞：「要造成真中華民國」時說：

> 「現在的中華民國，只有一塊假招牌。以後應再有一番大革命，才能夠做成一個真正中華民國。但是我以為無論何時，革命軍起了，革命黨總萬不可消，必將反對黨完全消滅，使全國的人都化為革命黨，然後始有真中華民國」。[148]

這一段話，很容易使人誤解其意，以為中山先生是主張「一黨專政」的政治思想家，非要將「反對黨」完全消滅。其實，當時中山先生所說的「反對黨」乃是「反革命黨」，如主張復辟的，恢復君主國體的一派人，而不是「政黨政治」意義上的「反對黨」（Loyal Opposition）。他們這一派人及軍閥、官僚、政客，是反革命勢力，為建國之障礙，正是中山先生所要革命消滅的對象。1916年9月30日，他在上海歡迎從軍華僑大會演講「心堅則不畏大敵」時說：「吾人自計平生功業，其可指數者，無大於建立此共和制。此共和一日存，

---

147. 同上。
148. 《國父全書》，頁883。

在吾人一日為有不朽之業，一日傾覆，則吾輩真為一無所就矣！」[149]是以，可知上述所稱「反對黨」實為「反對共和國體」之團體。即使在訓政時期他亦僅說：「應以黨為掌握政權之中樞。……能為全國國民盡此忠實之義務故耳。」[150]而未見排斥擁護共和之民主政黨的遺教。

1923 年他曾對「以黨治國」之意義做了一個非常清楚的解釋。他說：

> 「本總理向來主張以黨治國。以黨治國的這一說，是什麼意思呢？是不是所有的黨員，都要做官，才算是治國呢？如果黨員存心，都以為要用黨人做官，才算是以黨治國，那種思想，便是大錯！……所謂以黨治國，並不是要黨員都做官，然後中國才可以治。是要本黨的主義實行，全國人都遵守本黨的主義，中國然後才可以治。簡而言之，以黨治國，並不是用本黨的黨員治國，是用本黨的主義治國，諸君要辨別得很清楚！」[151]

這是中山先生政黨思想中很重要而卓越的一個觀念！是以，吾人可知中山先生「以黨治國」的思想，是要以國民黨之三民主義來治國，並非如俄共或其他極權政黨國家之「一黨專政」，非要黨員才可任高官。

---

149. 《國父全書》，頁 712。
150. 《國父全書》，頁 316，「第 1 次全國代表大會宣言」。
151. 《國父全書》，頁 929-930，1923 年 10 月 15 日訓詞，「黨員不可存心做官」。

第三項　政權公開實行政黨政治

　　1914 年 9 月 1 日「中華革命黨宣言」中有言：「協力同心，共圖三次革命，迄於革命成功，憲法頒布，國基確定時，均由吾黨員完全負責」[152]，這是表示無論在軍政時期或訓政時期尚未公布憲法時，由國民黨「以黨建國」、「以黨治國」，但正如上項所分析，「以黨治國」並非以本黨黨員治國，而是以本黨主義來治國。只是「本黨黨員，若是確為人才，能勝大任的，自當優先任用，以便實行本黨的主義」[153]。國民黨並不排斥擁護共和國體的其他黨派，這又可從 1925 年 2 月 10 日「中國國民黨反對善後會議制定國民會議組織法宣言」看出：

> 「國民會議為解決時局之唯一方法，亦即國民意思之最高機關，自本黨總理提倡以來，已得海內外之一致響應。顧欲求國民會議之完全實現，必備下列條件：（一）構成分子須如本黨總理宣言所列，現代實業團體、商會、教育會、大學、各省學生聯合會、農會、工會、各軍、各政黨，然後國民會議始得名稱其實。……」[154]

可見，國民黨是一個可以包容各政黨，具有寬宏大量的政黨，而且絕非一階級政黨。等到「革命成功、憲法頒布、國基確

152.《國父全書》，頁 579。
153.同註 151。
154.《國父全書》，頁 769。

定」以後，政權就公開，還政於民，國民黨即以普通政黨之身分，與各政黨並駕齊驅，依和平選舉實行民權主義的政黨政治。這時候的國民黨就把黨放在國之下，而不再把黨放在國之上了。

中山先生是一位不計私人功利的大革命家和大思想家！他在 1916 年 6 月 9 日「規復約法宣言」中曰：

> 「董子曰：『正其誼不謀其利，明其道不計其功。』今第卑之無甚高論，吾國人當知功利有其大者遠者，而不在一身之權位。蓋億兆人民繫於國家，國家繁榮，則子子孫孫實利賴之，君子之澤，無過是者。若計念目前瑣末得失，為穴中之暗鬥，斯智者所竊笑。」[155]

這是中山先生「天下為公」的精神表現，吾人試名之曰：「孫中山精神」。寫到這裏，使我想起蔣經國先生的座右銘：「計利當計天下利；求名當求萬世名」，實具有一貫的傳統風格！

嗚呼！「神器不可以力爭，民意不可以橫誣也」[156]，滿清之傾覆，袁氏之自誣以沒，軍閥之肅清，民國之終於底定，豈非民意所致者乎？中山先生深知此中道理，故於 1923 年 2 月在香港大學演講「革命思想之發生」時，特別提到：「黨

---

155. 《國父全書》，頁 581。
156. 《國父全書》，頁 581-582，1917 年 9 月 10 日「受任海陸軍大元帥宣言」。

人今仍為求良政治而奮鬥，一俟達此目的，中國人民即將滿足而安居。……吾人必須以英國為模範，以英國式之良政治傳播於中國全國。」[157]英國式之良政治是什麼呢？就是「政黨政治」！基於此一說明，吾人認為中山先生之意，在革命成功，憲法頒布後，是要實行他 1912 年民國成立後，所倡導的「政黨政治」理想的！此時，自應適用他民初的政黨理論。

然則，何以要實行「政黨政治」呢？蓋為避免武力角逐流血鬥爭。「武力角逐，勢難持久，競權力於始，逞意氣於後，強能併弱，眾能暴寡，悉除異己，然恃其暴力，欲以恣睢為政治，以刀鋸為法律，其極也，必至民生嗷嗷，不可終日。亦必為國民所共棄而一蹶不振，陷於勢窮力絀之境……」[158]是即「神器不可以力爭，民意不可以橫誣」之說明。要民意能伸張，非實行「政黨政治」不為功！而我們從第三章第七節「政黨之制度」看，可以知道中山先生乃是贊同「兩黨制」的！絕不要共產黨的一黨專政制度，或列寧主義極權政黨制度實行於中國。關於這個問題，吾人可舉與俄共越飛之聯合宣言以證：

> 「孫逸仙博士以為共產組織，甚至蘇維埃制度，事實上均不能引用於中國，因中國並無使此項共產制度或蘇維埃制度可以成功之情況也。此項見解，越飛君完全同感……」[159]

---

157. 《國父全書》，頁 922。
158. 《國父全書》，頁 699，1918 年 5 月 21 日「辭大元帥職臨行通電」。
159. 《國父全書》，頁 755，1923 年 1 月 26 日，「為中俄關係與越飛聯合宣言」。

又 1924 年 11 月 23 日在「上海丸」輪船中接受長崎日本新聞記者談話：

> 記者問：外間宣傳廣東政府同俄國親善，將來中國制度，有改變沒有呢？

> 先生答：中國革命的目的，和俄國相同；俄國革命的目的，也是和中國相同。中國同俄國革命，都是走一條路。所以中國同俄國不只是親善，照革命的關係，實在是一家。至於說到國家制度，中國有中國的制度，俄國有俄國的制度。因為中國同俄國的國情，彼此向來不相同，所以制度也不能相同。

> 記者問：中國將來的制度是怎麼樣呢？

> 先生答：中國將來是三民主義和五權憲法的制度，可惜日本人還沒有留心。[160]

這個記錄，可以充分的說明，中山先生「聯俄容共」以及「以俄為師」改組中國國民黨，均只是一時之政治策略，絕非表示他要實行共產黨的一黨專政於中國，此乃吾人所不可不特別注意之處！

然則，三民主義之真精神如何？「就是要建設一個極和平、極自由、極平等的國家，不但在政治上要謀民權的平等，而且在社會上要謀經濟的平等。這樣做去方才可以免除種種階級衝突、階級競爭的苦惱。所以我們在經濟上，一面要圖

160.《國父全書》，頁 1036，「中國國民已有能力解決全國一切大事」。

工商業的發達，一面要圖工人經濟生活的安全幸福。」[161]中山先生在政治經濟上要謀平等，要免除階級衝突、階級競爭，自然不會劃分資產階級與無產階級。從而中國國民黨也絕不是一個階級的政黨，其無意實行俄共式「無產階級專政」及法西斯式「一黨獨裁制」的政黨制度，實至為明顯！

第四項　孫中山政黨思想之特色

吾人從以上各點分析，得知中山先生政黨思想真義有三：

一、**以黨建國實行革命政治**——在專制政府與軍閥割據之下的中國，無法實現民權主義之理想，只好以革命黨之兵力和革命黨之主義，分別從事軍事上與宣傳上的奮鬥，以取得政權，這是實現主義之先決條件，故不能談「政黨政治」，只能進行「革命政治」，實施「軍法之治」以掃蕩一切革命障礙，為一種「非常破壞」之行為。

二、**以黨治國實行輔導政治**——專制政府既已傾覆，軍閥既已掃除，國事如麻，新制度一時尚不能建立起來，不得不有一個過渡時期，在這過渡時期必須由革命黨掌握政權之中樞，以推動「輔導政治」，實施「約法之治」，制止反革命運動之發生，同時訓練國民行使政權之能力，為實行三民主義五權憲法之政治制度而做準備工作。這是一種「非常建設」之行為，故也還不能實行「政黨政治」，但並不排斥擁

---

161. 《國父全書》，頁 720，1919 年 6 月 22 日在上海住宅與戴季陶談話：「社會問題」。

護共和之黨派，甚至可以借重優秀的黨外人士。

三、政權公開實行政黨政治──國民既具有地方自治及行使政權之能力，基於三民主義精神之五權憲法頒布，則革命黨對國民之義務完成，乃自退為普通政黨身分，透過公平、公正、公開的和平選舉，與其他擁護共和國之政黨進行和平友愛高尚之競爭，以決定勝負，勝則在位，敗則在野，一以實現三民主義新國家為目的。這即表示憲法公布後，「政權公開」，以「政黨政治」的民主精神，屬行「憲法之治」。

但是，吾人必須知道中山先生之政黨思想，尚具有與其他類型（包括民主政黨及極權政黨）之政黨思想不同之特色：

一、言論自由──不論是政黨之內的黨員或一般國民，均應享有充分之言論自由，而這正是民權政治之必備條件。1923 年 1 月 1 日「中國國民黨宣言」所提對國家建設計畫及所採用之政策，特別聲明「確定人民有集會、結社、言論、出版、居住、信仰之絕對自由權。」這不但保障人民之宗教及生活自由，還保障對民主政治最重要的意見自由（當然包括言論、集會、結社及出版自由），這種基本人權是「完全」、「絕對」的！不能以任何法律或行政命令限制。此乃中山先生政黨思想的重要特色之一。

然而，他說國民之民權，唯民國之國民乃能享之；必不輕授民權於反對民國之人，使得藉以破壞民國。此係指勾結帝國主義之北洋軍閥而言，自不能讓這些反對民國（共和）之個人及團體享受自由權利。

二、黨無特權──在三民主義共和國之下，任何政黨沒

220

有特權。這個觀念，我們可從許多文獻看出來。

（一）最早的說明是 1906 年 10 月 17 日祝民報紀元節在東京演講：「三民主義與中國民族之前途」，他說：「將來中華民國憲法，必要設獨立機關，專掌考選權，大小官吏必須考試，定了他的資格，無論官吏是由選舉的，抑或由委任的，必須合格之人方得有效。」[162]黨員非經考試也不能作官。

（二）1923 年 2 月在廣東軍政人民歡迎會演講：「欲救廣東宜從裁兵禁賭及改良吏治著手」時，說：「任命官吏，尤不可不循資格。大局稍定，余決意考驗官吏，無論本省外省，不分畛域，考驗則真才出，真才出則政治良，政治良則國可得而治也。」[163]這種文官考選制度，一省底定即可實施。

（三）1924 年「中國國民黨第一次全國代表大會宣言」關於對內政策第五條規定：「釐訂各種考試制度，以救選舉制度之窮。」顯示人人可參政，但被選舉權應受限制。

（四）建國大綱第十五條規定：「凡候選及任命官員，無論中央與地方，皆須經中央考試，銓定資格者乃可。」

（五）孫文學說第六章亦提及「國民大會及五院職員，與夫全國大小官吏，其資格皆由考試院定之。」任何黨員沒有特權。

從以上規定和說明，我們得知中山先生之本意，是要建立一套獨立的文官制度，以杜倖進並使全國公務員之任免不受政黨起伏之影響，以安定政局。不僅如此，欲參加公職候

---

162. 《國父全書》，頁 482。
163. 《國父全書》，頁 923。

選者亦須經國家的考試，以維持一定之水準，亦矯選舉制度之弊。如此一來，即任何黨員均無擔任公職之特權，擔任公職是全體國民之共同權利，非經考試及格，即使是執政黨黨員也不得任用。任何政黨之黨員在三民主義共和國政治平等的法制下，當然都是一視同仁，不得享受任何法外特權。這是與共產黨的「無產階級專政」及法西斯的「黨國體制」大異其趣的！此乃中山先生政黨思想的重要特色之二。

三、全民政治──1924 年「中國國民黨第一次全國代表大會宣言」在民權主義方面聲明：「近世各國所謂民權制度，往往為資產階級所專有，適成為壓迫平民之工具。若國民黨之民權主義，則為一般平民所共有，非少數人所得而私也。」[164]顯然中山先生瞭解西方民主國家的政黨選舉有著受財富力量操縱之弊病，為矯西方民主之缺陷，除了承繼中國悠久的考試制度之外，並且構想實行「直接民權」。他說：

> 「本黨主張之民權主義，為直接民權，國民除選舉權外，並有創制權、複決權及罷免權，庶足以制裁議會之專恣，即於現行代議制之流弊，亦能為根本之刷新。」[165]

這種「直接民權」的辦法，可使依財勢或政黨力量而獲選之民意代表或政府官吏，不致於做出危害一般大眾利益之事。這

---

164. 《國父全書》，頁 315。
165. 《國父全書》，頁 757，1923 年 10 月 7 日「中國國民黨為曹錕賄選竊位宣言」。

是一般實行代議民主「政黨政治」之國家所不能做到的。故他說：

> 「我們國民黨提倡三民主義來改進中國政治，所主張的民權，是和歐美的民權不同。我們拿歐美已往的歷史來做材料，不是要學歐美，步他們的後塵，是要用我們的民權主義，把中國改造成一個『全民政治』的真民國，要駕乎歐美之上。」[166]

換句話說，「全民政治」就是要「以人民集會或總投票之方式，直接行使創制、複決、選舉、罷免各權。」[167]以救西方代議民主「政黨政治」之不足！此乃中山先生政黨思想的重要特色之三。

1912 年 8 月 13 日的「國民黨組黨宣言」裏，中山先生說明「國民黨」之涵義曰：「共和之制，國民為國家主體，吾人欲使人不忘其義也，故顏其名曰『國民黨』。」[168]又為居正先生題民國意義曰：「民國者，民之國也。為民而設，由民而設，由民而治者也。」[169]「是故政黨政治，雖非政治之極則，而在國民主權之國，則未有不賴之為唯一之常軌者。」[170]是以，吾人認為中山先生是主張實施「政黨政治」的，而且主張「只宜二大黨對峙，不宜小群分立。」他絕不贊許俄國式的「無

---

166. 《國父全書》，頁 239，民權主義第 4 講。
167. 《國父全書》，頁 754，1923 年 1 月 1 日「中國國民黨宣言」。
168. 《國父全書》，頁 398。
169. 《國父全書補篇》，頁 300。
170. 《國父全書》，頁 397「國民黨組黨宣言」。

產階級專政」一黨獨裁制，但也不全盤接受西方代議民主政黨制度。為了補救西方政黨政治之弊病，特別要實行普選制度，保障國民基本人權，建立獨立的文官及公職候選人考試制度，並主張以人民「集會或總投票（公民投票）」方式行使直接民權的「全民政治」。是以，吾人認為中山先生之政黨思想，不但適應世界民主政治思潮，而且合乎中國環境與國情，實為第一流之政黨思想！

第五章　我國現行政黨制度

第一節　我國政黨之簡介

　　1948 年 5 月 20 日，蔣中正甫就任總統，國民政府即以「臨時條款」與「戒嚴法」統治國家。不及一年蔣氏雖曾通告「引退」，1950 年 3 月 1 日卻在臺灣「復行視事」，屬行黨禁、報禁，導致人民言論、集會、結社自由乏善可陳，孫中山政黨思想無法實現。茲僅簡介解嚴之前三個合法的政黨，即中國國民黨、中國青年黨、中國民主社會黨。

　　一、**中國國民黨**——由孫中山先生所創設，奉行三民主義，原為中華革命黨，係秘密的革命組織，1919 年 10 月 10 日改為中國國民黨，沿用迄今，這是我國歷史比較悠久的政黨，亦今日中華民國之執政黨。若從它的誕生說起，自清光緒二十年（1894）至 1978 年已經「八十四歲」了。我們從本論文第二章可以略知其演變過程：中國國民黨之最早身分即 1894 年 11 月 24 日成立於檀香山的「興中會」，1905 年 8 月 20 日擴大為同盟會，其目的在進行民族革命，推翻滿清統治，復興漢邦中國，故極富民族主義色彩，其精神，吾人認為可直紹史可法、黃道周、鄭成功及洪秀全一脈相傳的反清

運動。民國前一年「中國同盟會本部宣言」中曰：

> 「故老遺民，如史可法、黃道周、倪元璐、顧炎
> 武、黃宗羲、王夫之諸人，嚴春秋夷夏之防，抱冠帶
> 沉淪之痛。孤軍一旅，修戈矛於同仇，下筆千言，傳
> 楮墨於來世。或遭屠殺，或被焚燬，中心未遂，先後
> 殂落。而義聲激越，流播人間，父老遺傳，尚在耳
> 目。自延平以抵金田，吾伯叔昆季諸姑姊妹奉先烈遺
> 志，報九世之仇，為爭自由爭人道而死者，實一千三
> 百萬人。於戲！烈矣。吾等生當斯時，顧瞻身影，紆
> 軫中耕，潸然雪涕，謹承先志，勿敢隕越。用是馳驟
> 四方，以求同德……湊其智能，以圖大舉……」[1]

文中所提「延平」即是鄭成功，「金田」即是洪秀全，因之
吾人認為「為爭自由爭人道而死者，實一千三百萬人」之中，
有鄭成功所領導，在中國東南沿海奮勇抗清的子弟兵——那
就是今天臺灣人民的祖先。及至康熙六十年（1721）尚有朱
一貴之中興會，乾隆五十一年（1786）林爽文之天地會[2]。是
以，吾人認為中國國民黨與臺灣之民族革命運動深具密切關
係，在精神上可謂一脈相承！這是今天在臺灣的所有人民們
所不可不知的歷史血訓！

　　當興中會擴大為同盟會時，留日學生熱烈參加，革命力

1. 《國父全書》，頁 394。
2. 孫子和：〈興中會之政治主張〉（載《中華學報》第 3 卷第 2 期，1976
　 年 7 月）頁 103。

量突飛猛進。終於 1911 年推翻滿清政府，建立中華民國。1912 年 8 月 25 日，同盟會改組為國民黨，主張實行兩黨政治，國民黨由革命黨變為普通民主政黨。但是未料袁世凱背叛民國，11 月解散國民黨，幾使黨員無立足之地。1914 年 7 月 8 日，中山先生乃在日本東京改組國民黨為中華革命黨，重振民前之革命精神，與反共和之勢力奮鬥到底。1915 年袁氏稱帝，「中華民國」淪為「中華帝國」，隨之形成軍閥割據局面。1919 年 10 月 10 日，中山先生以「中華革命黨」為秘密的革命組織，不易號召廣大民眾參加，乃改名為「中國國民黨」，名稱雖更易多次，而主義未曾稍變 [3]。

1925 年 3 月 12 日中山先生逝世，1927 年 4 月 12 日，國民黨在蔣中正領導下，宣布清黨，將寄生的共產黨員逐出國民黨外。1928 年國民政府統一中國，1937 年 7 月 7 日國民黨領導八年抗戰，終於 1945 年 8 月獲得勝利。惟抗日戰中，中國共產黨盤踞華北，乘機擴展勢力，經俄共之卵翼，加上取得東北日本敗軍之武器裝備，遂以武力取得中國大陸版圖，國民政府於 1949 年播遷來臺，國民黨的三民主義理想未能在中國實現。

二、中國青年黨——中國青年黨追隨國民政府來臺。於 1923 年 12 月 2 日在法國巴黎成立，由曾琦、李璜兩位先生領導，主張國家主義，但在群眾運動中，常與國民黨合作。成立時在巴黎創辦「先聲週報」，以五四運動「內除國賊，外

3.傅啟學：《中國政府》（臺北：臺灣商務印書館，1973 年 5 月增訂初版）
　頁 442-443。

抗強權」為口號。1924 年 9 月，曾李二位返國，創辦「醒獅週刊」，擴大宣傳國家主義。同時，聯絡國家主義的政治團體，成立中國國家主義團體聯合會，為秘密組織，1924 年到 1927 年間，國人稱為「國家主義派」。1929 年公開活動，與國民黨攜手共同從事反共運動。1931 年九一八事變發生，青年黨主張「政黨休戰，一致抗日」。1937 年七七事變後，國民政府召開廬山談話會，曾、李多位青年黨人被邀參加。1938 年 4 月，國民政府公開承認青年黨之合法地位。抗戰勝利後，青年黨與共產黨絕不妥協，而與國民黨開誠合作。1946 年 11 月制憲國民大會，青年黨代表一百名參加。1947 年普選，青年黨人當選國民大會代表者有二百三十餘名，當選立法委員者有十六名，監察委員十一名。1947 年 4 月 15 日，青年黨、民社黨與國民黨簽訂政府改組後的「共同施政綱領」，1949 年中國大陸淪陷時，青年黨幹部相繼來臺，無一附共，可謂對「中華民國」深具忠義精神。1951 年 5 月 7 日，青年黨領袖曾琦在華盛頓逝世，青年黨內部遂發生分裂，但反共宗旨，始終如一。

青年黨黨章規定：「本國家主義之精神，民主政治之原則，內求統一與自由，外保安全與獨立，以建設全民福利的現代國家，並促進平等合作的和平世界為宗旨。」由此可見，青年黨之宗旨與共產黨完全衝突，而與國民黨比較接近，故與中共不能妥協而與國民黨經常合作。1925 年至 1927 年間，北京的國家主義派與共黨分子衝突甚為激烈。1946 年政治協商會議之後，青年黨反共旗幟更為鮮明，實為與中國國民黨

共存共榮之政黨[4]。

三、中國民主社會黨——中國民主社會黨亦追隨國民政府來臺。1931 年，張君勱、徐傅霖、張東蓀、羅文幹等先生組織國家社會黨。1937 年抗戰軍興，國家社會黨表示擁護抗戰國策，國民政府承認為合法政黨。1944 年 12 月張君勱先生遊美，與美洲立憲民主黨領袖伍憲子磋商合作問題，遂決定兩黨合併。1946 年 8 月 15 日在上海兩黨正式合併為「民主社會黨」，張氏為主席，伍氏為副主席，徐傅霖等二十七人為常務委員。民社黨在歷史上常與國民黨對立，但共產黨亦為民社黨所反對。故在 1946 年的政治協商會議以後，民社黨乃與國民黨合作，提出制憲國民大會的憲法草案，即係張君勱先生所起草。民社黨人參加制憲國民大會者有代表一百名，1947 年普選，民社黨在國民大會、立法院、監察院均有席次，其人數僅次於青年黨[5]。

民主社會黨之淵源，與梁啟超頗具密切關係，蓋梁氏遊歐歸國後，不過問政治，在北京講學，國人稱為「研究系」。張氏即為「研究系」之主角，故國家社會黨之發起人多與梁氏有關。伍憲子係康有為之學生，與梁啟超有同門弟子之誼，而伍氏在清末為保皇黨，在民初為進步黨，於政策上多與國民黨頗有差距。進步黨解散後，伍憲子等在美洲組織立憲民主黨，張氏遊美與之一夕談話，即可決定兩黨合併，實因兩黨過去均與梁啟超有密切關係之故。民社黨之歷史，本與國

4.同上，頁 445-446。
5.同上，頁 446。

民黨同樣長久，但因 1919 年到 1931 年階段，其在國內之黨務陷於停頓，成就遂不如國民黨之大 6。

第二節　中國國民黨之特質

　　一、前言──我國憲法第一條規定：「中華民國基於三民主義為民有民治民享之民主共和國」，是以我國之政治制度亦須根據三民主義之精神。政黨制度為政治制度重要之一環，當然也要符合我國的立國精神。中山先生的政黨思想之理論及其真義已在第三章及第四章第四節分別析論，則吾人必須檢視我國現行政黨制度，看看是否合乎中山先生之政黨思想。惟目前我國之執政黨仍為開創「中華民國」的國民黨，我們想理解我國的政黨制度，便非要對執政的國民黨有客觀的認識不可。

　　二、背景說明──由中山先生政黨理論主旨我們知道，「以黨建國」及「以黨治國」時期的中國國民黨都是「革命黨」，革命黨性質的中國國民黨應已在憲法公布後改變為民主政黨。1943 年，中國國民黨總裁　蔣中正在十一中全會舉行開幕典禮時說：「憲政實施以後，在法律上本黨應該與一般國民和普通政黨處於同等的地位，在法定的集會、結社、言論、出版自由的原則之下，享同等的權利，盡同等的義務，受國家同等的待遇。」7 此時依法理雖仍依「訓政時期約

6.同上。

7.崔書琴：《三民主義新論》（臺北：臺灣商務印書館，1972 年 10 月修訂十版）頁 222。

法」，由國民黨「以黨治國」，而事實上國民黨為求舉國團結一致對外作戰，在政黨政治方面無論形式或實質均與抗戰前的訓政時期不同。因為在 1938 年 3 月底，制定「抗戰建國綱領」後，已承認各政黨的合法地位，並於 1938 年 7 月 7 日正式成立全國性民意機構——國民參政會，以容納各政黨及社會賢達之意見。洎抗戰勝利，1946 年 1 月，由馬歇爾特使所促成的政治協商會議，亦係由國民黨代表八人，共產黨代表七人，民主同盟代表九人，青年黨代表五人，社會賢達九人[8]組成，共同商訂「憲草修正原則十二條」。1946 年 11 月 15 日制憲國民大會在南京開幕進行制憲工作，惟中國共產黨及中國民主同盟均未出席，中共更全面擴大武裝叛亂，公開向國軍作戰，政府被迫於 1947 年 7 月 4 日下令討伐。同年 10 月 28 日並宣布「民主同盟」為非法團體。現行憲法之制訂工作係由國民黨、青年黨、民社黨共同參與，故可以說憲政實施時期，我國已經是實行「多黨制」的政黨政治，而國民黨仍為執政黨。惟一部分幹部和黨員心理上，以為國家已進入憲政時期，因而認為國民黨應該轉變為一個普通民主政黨。這與 1912 年至 1914 年同盟會及國民黨一部分黨人的心理相似。可是那時共產黨未參與制憲，而進行「武裝革命」。國黨若以一個普通民主政黨的組織、紀律、和精神去和共產黨鬥爭，自然不容易制勝。何況那時國民黨不少幹部和黨員，連一般民主政黨應有的責任和紀律亦未做到[9]。蔣中正總裁檢

231

8.鄧公玄：《政黨政治的理論與實際》（臺北：中央文物供應社，1953 年 12 月初版）頁 79。

9.張希哲：〈中國國民黨與政黨政治〉（載《中華學報》第 4 卷第 2 期，1977 年 7 月出版）頁 46。

討當時國民黨情形是「黨內派系排擠傾軋……組織瓦解、紀綱廢弛，精神衰落，藩籬盡撤。」[10]而張希哲先生認為「這種缺點，以行憲的幾項選舉如國民大會代表選舉，立法委員選舉，監察委員選舉及總統副總統選舉，暴露得最清楚。」[11]

三、國民黨之特質──

（一）**革命民主政黨**──1948 年 4 月 18 日國民大會制定「動員戡亂臨時條款」，4 月 19 日蔣中正主席為首任總統，5 月 20 日就職，進行「戡亂建國」工作。將國民黨之性質，也回復為「革命政黨」。1949 年 5 月 20 日起，在臺澎地區實施戒嚴統治，憲法徒然成為具文。國民政府在中國討伐共黨叛亂之軍事行動失利後，於 1950 年遷臺，7 月 22 日中央臨時常會通過「國民黨改造綱要」，確定國民黨之本質為「革命民主政黨」。1952 年 10 月 17 日在臺北舉開第七次全國代表大會，修正國民黨黨章，明定「本黨為革命民主政經」。至 1976 年 11 月 15 日十一全會通過的黨章仍循原規定。所謂「革命民主」，其涵義「就是以民主為我國的目的，以革命為我們的手段。換句話說，民主是不變的原則，革命是應變的法則。我們邁向民主目標的時候，如果發現了阻礙，應即以革命的手段來掃除阻礙……。」[12]這等於在臺灣實施「軍法之治」。蔣總裁於 1958 年 7 月 16 日對中央評議委員第一次會議演講時，對「革命民主政黨」的性質亦曾作過詳盡的解釋：

10.見蔣總裁：「關於實施本黨改造之說明」
11.同註 9，頁 46-47。
12.中央半月刊第 132 期卷首「專載」總裁在第 8 屆中央黨務委員會指示。

1. 要以革命組織與革命精神來保障民主制度——「在今日共匪威脅未曾消除時期，本黨必須繼續以革命組織與革命精神來維持民主制度，不讓共匪假借民主名義滲透反共基地，來顛覆我們中華民國這碩果僅存的反共堡壘。」[13]

2. 要實踐五權憲法的精義，完成反攻復國的任務——「革命民主不是革命與民主兩者的結合，而是一個政治的整體。……乃是有計畫、有組織、有權能的民主政治，也可以說……就是革命的、建設的、民主憲政的政治。」[14]

3. 要建立「民有、民治、民享」的民主制度——「總理在 1919 年雙十節所昭示的『民國由革命而來，則凡今日承認民國者，必當服膺於革命主義，黽勉力行，以達革命之目的，而建設一為民所有、為民所治、為民所享之國家，以貽我中華民族子孫萬年之業。』」[15]

　　現行中國國民黨黨章總綱第二條即規定，本黨負有完成國民革命之使命，建設中華民國為統一的、自由的、安和樂利的三民主義民主共和國[16]。也是國民黨決心實踐三民主義，建立民有、民治、民享的民主制度之說明。是以，由上言論及文獻，足證國民黨之所以為「革命民主政黨」是為了以革

---

13. 中央文物供應社：《蔣總統言論選集——黨務工作》（臺北，該社發行，1977 年 10 月 31 日出版）頁 162。
14. 同上，頁 166。
15. 同上，頁 173。
16. 1976 年 11 月 16 日《中央日報》。

命手段對付與三民主義本質水火不容的極權共產主義——中國共產黨，而以民主精神在臺灣實現民主憲政。這可以說是憲法公布而大陸淪陷之後，情勢上不得不然的措施，完全合於中山先生「革命民權」之理論。1924 年，中國國民黨第一次全國代表大會宣言曰：「國民黨之民權主義與所謂天賦人權者殊異，而惟求適合於現在中國革命之需要。蓋民國之民權，惟民國之國民，乃能享之，必不輕授此權於反對民國之人，使得藉以破壞民國。」[17]當時「反對民國」之人為軍閥，今日與民國為敵者為中共，當然必須繼續進行對大陸的革命運動，並防其滲透破壞自由國土。至於「自由中國」之全體國民，仍可享受民權——亦即憲法保障的各種自由權利。理論如此，但在戒嚴統治下的臺灣人民，其自由人權是否真能受到保障，則須進一步研究。

然則，「革命民主政黨」，其內外政策如何？1952 年 10 月 16 日上午八時半第七次全國代表大會第八次會通過的　蔣總裁手著：「反共抗俄基本論」中關於民權主義方面，有建立「政黨政治」的說明：

　　「本黨是革命民主的政黨。從　總理創導革命，組黨建國時起，所有黨內的重要決策，其程序都是遵循民主的軌轍，以發揮政黨政治的功效。本黨改造以後，就特別成立了各個政治綜合小組與黨團，並加強其運用，所有中央的重要決策，都儘可能在事先徵詢

17.《國父全書》，頁 315。

各級黨部黨員的意見。並以政策決定人事，經由從政黨員，執行黨的政策，這是政黨政治的基礎。所以本黨民權主義當前的任務，一方面要鞏固黨內政黨政治的基礎。而另一方面，同時還對於反共抗俄的友黨，輔助其長成壯大，為本黨反對黨樹立規範，與我們攜手偕行，共同完成國民革命第三任務，建立三民主義新中國。我們認為只有尊重政黨政治，才能發揮政黨的力量，走向民主建國的坦途，所以本黨同志必須具有尊黨自制的民主精神，才能確實建立政黨政治，達成我們國民革命的任務。」[18]

可見，國民黨今日要實行的不是俄共式的一黨專政，而是兩黨以上的政黨政治。對於總裁之指示，青年黨人沈雲龍先生評論說：「蔣總裁為了更確實建立健全開明的政黨政治，剴切指示國民黨員，要輔助反共抗俄的友黨使其長成壯大，樹立反對黨規範。是認識反對黨之作用，尊重反對黨之地位，期待反對黨之強大的睿智與公心，實不讓土耳其開國元勳凱末爾總統專美於前。」[19]

---

18. 蔣總裁手著：《反共抗俄基本論》（臺北：中央文物供應社，1973 年 4 月 21 版）頁 63。
19. 沈雲龍：〈政黨政治與黨派平等合作〉（載《民主潮》3 卷 4 期，臺北，1953 年 2 月 1 日出版）按：凱末爾（Mustafa Kemal）將軍以領導土耳其之人民共和黨（The People's Republican Party）推翻奧斯曼（Osman）帝國，打敗希臘軍隊，獲致革命之成功。惟凱氏人格高超，眼光遠大，乃於革命成功之後，以人民共和黨領袖之身份執政土耳其，身為土國總統，竟於 1930 年召回駐法大使 Fethi Bey 授命組織自由黨（Liberal Party），欲促使土耳其成為兩黨制之國家。其開闊心胸與公天下之精神，至今猶為土國人民崇敬不已！（參見：Maurice Duverger, *Political Parties* (London: Methuen and CO. LID. New York: John Wiley and Sons. Inc., 1955) pp. 276-280.）

（二）**全民政黨**──中國國民黨所謂民權制度，往往為資產階級所專有，適成為壓迫平民之工具。若國民黨之民權主義，則為一般平民所共有，非少數人所得而私也[20]。可見國民黨絕非專為某階級，尤其不是為資產階級謀利益的政黨。但是否像俄共或中共一樣，要對「資產階級」進行「階級鬥爭」呢？絕不。1957年10月第八次全國代表大會修訂的黨章總綱第三條曰：「本黨結合全國信仰三民主義之革命青年及愛國同胞為黨的構成分子，反對階級鬥爭，共同為國家民族及廣大民眾的利益而奮鬥。」[21]國民黨是要為廣大民眾的利益而奮鬥，所以構成分子絕不像蘇聯共產黨「是工人階級、勞動農民和勞動知識分子中思想一致的共產主義者所組成的自願的戰鬥聯盟。」[22]中國國民黨也絕不像法西斯黨、納粹黨等極權政黨有濃厚的種族及女性歧視。所以依據孫中山先生創立中華民國之遺教──三民主義精神，所制定的現行中華民國憲法第七條明文規定「中華民國人民無分男女、宗教、種族、階級、黨派，在法律上一律平等。」這都十足證明中國國民黨不是階級政黨，而是屬於全民的黨，他的成員包括：男女老少，各行各業；有農民、工人、軍人、商人和企業家，有知識分子和學生，士、農、工、商、學、兵皆包容有之。並不偏愛那一階層，亦不歧視那一階層。因此，國民黨現任主席蔣經國先生說：

20.《國父全書》，頁315。
21.陳捷先：〈第次全國代表大會〉（載《中華學報》第4卷第1期，臺北，1977年1月出版）頁125。
22 1952年10月5日俄共第19次黨全大會通過「蘇聯共產黨黨章」第1條。

「誰都知道——我們黨員不是來自某一階級，而是來自全體中國國民；我們黨員入黨不是根據什麼『成份』，而是根據他的革命抱負，服務熱忱和對主義的信仰；我們黨員每一個人有他的工作、義務，和必須對國家民族奉獻的願力，而沒有任何特權；……。」[23]

他在 1976 年 11 月 13 日中國國民黨十一次全國代表大會第一次大會提出政治報告時也說：

「在政治建設方面，我們的基本態度是主張把政策、計畫、作為、作法，誠懇的公之於全國國民之前，也就是要把國家大政方針這本帳，攤開在大家面前，使大家了解……更重要的認識，即民眾是我們的主人，我們是民眾的公僕，黨和政府是根據民眾的意見來辦事的，而不是要民眾『聽黨的話』來辦事的。」[24]

何以國民黨領袖能有這種認識呢？「因為本黨是一個無私無我，全國全民的黨，是堅決反對一階級專全民之政的共產黨的。」[25]由此可見，中國國民黨之特質是全民性的，而不是階級性的，是與俄共或中共大異其趣的！而國民黨之所以具有這種屬性，可說是中山先生的政黨思想精神之遺傳。

---

23. 1976 年 11 月 13 日，蔣院長在中國國民黨第 11 次全國代表大會第 1 次大會之政治報告「三民主義是強國富民的唯一道路」（見《蔣院長言論選集》第 6 集，頁 107）。
24. 同上，頁 97。
25. 同上，頁 95。

（三）**民主集權制政黨**──從政黨本身的組織原理及黨員與黨之關係來看，中國國民黨是「民主集權制政黨」。1924 年改組時通過的總章第七十一條規定：「……黨內各問題，各得自由討論，但一經決議後，即須一致進行。」這就是「民主集權制」。與俄共的組織原理「民主集中制」（Democratic Centralism）完全一樣。1950 年的「改造綱要」：

第五條規定組織原則是：「由選舉產生幹部，以討論決定政策；個人服從組織，組織決定一切；少數服從多數，下級服從上級；在決議之前，得自由討論，一經決議，須一致執行，以求行動之統一與力量之集中。」

第二十條規定領導作風是：

1. 原則領導：以思想溝通全黨，以政策決定人事，以工作考核黨員，以是非解決紛爭。

2. 一元領導：一切通過組織，組織決定一切；領袖採行組織的決議，幹部貫徹領袖的意志；以政策領導政治。

3. 民主領導：下級意見反映上層，上層意見貫徹下級；以討論統一意見，以說服打通思想；以宣傳號召同情，以實踐取得信任。」

以上兩條規定即是「民主集權制」的主要精神[26]。「民主集權制」之字樣原亦寫在黨章總綱第四條，到 1957 年第八次全國

26.張希哲：〈中國國民黨與政黨政治〉（載《中華學報》第 4 卷第 2 期，1977 年 7 月出版）頁 26-27。

代表大會時才把這幾個字刪除，以免誤解，以為國民黨和俄共一樣的是「極權政黨」。其實民主之組織離不開這種特質，有組織即有會議、討論、表決等程序，少數服從多數，貫徹實行決議，乃是民主政治中之「多數決」原理，俄國共產黨雖亦稱「民主集中制」（Democratic Centralism）但是問題在他們有沒有討論的真正自由，故形成基層只服從上級的命令，執行上級決定的政策的份。而國民黨具有「全民性」，政策之決定根據多元社會基層黨員及民眾反映之意見，黨員及民眾有充分言論自由，故與俄共極權獨裁之本質迥異。

1976 年 11 月 12 日舉行的第十一次全國代表大會，修訂黨章：

第四條　本黨組織原則是：以黨員為黨的主體，以幹部為組織的骨幹，結合廣大民眾為黨的基礎。在組織生活中，個人服從組織，少數服從多數，在決議之前自由討論，一經決議，須一致服從，以實現有組織的民主，有紀律的自由。

第五條　本黨領導方式是：以主義結合同志，以政策領導政治，以實踐達成任務，以檢討促成進步，以鼓勵參與，激發獻身熱忱；以意見溝通，增進合成心力。

第六條　本黨政黨關係是：依主義制訂政策，以政策決定人事，以組織管理從政黨員，黨之決策，應責成從政黨員貫徹實施[27]。

以上幾條及其他有關紀律性質之規定，顯示中國國民黨為「民主集權制政黨」。集權為任何組織之特性，只要領導

27.1976 年 11 月 16 日中央日報。

階層制定政策時，並未忽視基層群眾的利益與意見，其地位最後仍以群眾的意志為進退依據者，仍應視之為民主的政黨[28]。

但是，一個政黨，如果在公私部門安置 spies，暗中監視人民言行，而且以司法手段整肅異己，那就成為「極權政黨」了。

第三節　我國政黨制度之形態

從上節論述各點，吾人對中國國民黨之特質，應已有客觀之認識。而三十年來，臺灣在國民黨優勢的政府建設之下，各方面確有長足進步，除了憲政民主的維護，定期辦理各項選舉有可觀的成就之外，我們從中國歷史上似找不出來有那一段歲月，人民生活內容之素質有如此之高者。國民政府現在正進行十項建設，今已陸續接近完成階段，此後，接著進行十二項與民生更具相關性的建設，吾人敢說十年內，臺灣必成為世人矚目的鑽石之地！我們似無法磨滅國民黨的貢獻。而事實上之成就，也就證明「孫文主義」是福國利民、濟人淑世的政治思想。是以，當我們想要把現行我國政黨制度予以歸類時，乃覺得並不太重要了。

吾人認為如以西洋學者 Austin Ranney 或 Schattschneider（參閱本文〈民主政黨之研析〉）對「兩黨制」所下定義來看我國制度的話，在未開放黨禁報禁以前，則我國應列為「一

28.袁頌西：〈邁爾克斯政黨理論述評〉（載《薩孟武先生七十華誕政法論文集》）頁 480-481。

黨制」：因為他們所謂「兩黨制」，並不是指一個國家「只有兩個政黨」，而是指只有兩個大黨能獲得輪流執政的機會，其他小黨幾乎被人遺忘了，因為它們對政局發生不了太大的作用。而我國目前雖有三黨，但是國民黨與民、青兩黨勢力極為懸殊，多次的地方選舉，民、青兩黨很少推出候選人與國民黨競爭。即使兩黨聯合起來，其力量亦不足以搖撼國民黨之執政地位。是以臺灣民主運動人士——黃信介說，「民、青兩黨是花瓶政黨」。若視我國為「一黨制」，誰曰不宜？但是，一般來說，所謂「一黨制」給世人的印象並不好，這是由於「一黨制」國家常常就是「一黨專政」，而且是清一色的「獨黨政府」，當然也是獨裁政府。可是，我國無論從制憲或行憲來說，參與者實有三黨以上（含無黨派社會人士）；加以國民黨的三民主義頗具儒家文化精神，政治之實質相對民主，實非典型的「一黨制」可比。

根據 1978 年 2 月 23 日中國時報第二版報導，目前我國各級政府民意代表及行政首長屬民青兩黨或社會人士者，其數目為：國大代表 180 人，立法委員 32 人，監察委員 9 人，縣市長 4 人，省市議員 29 人，鄉鎮長 21 人，縣市議員 143 人；且有一套完美的文官考試制度，均可證明國民黨並未「獨占」政權。是以，如歸為「一黨制」國家又似頗不妥當。若視為「兩黨制」或「多黨制」則根本不切合實際。因之，我國學者專家乃將我國制度另列一型：

1. 林桂圃先生：稱為「一大黨為中心，而同時容許其他黨派存在和發展的制度」，並認為「戰後新興國家如

印度、新加坡、南韓乃至日本等國的政黨制度，均已先後朝著一大黨為中心的大路邁進。」[29]

2. 張希哲先生：稱為「一黨較強的多黨制」。[30]

3. 王昇先生：稱為「一大黨數小黨」[31]

4. 鄧公玄先生：稱為「大黨小黨並容制」[32]

惟吾人以為一黨制、兩黨制、多黨制，原都各有利弊，「一大多小制」何嘗例外。鄧公玄先生對「大黨小黨並容制」表示他的看法：「假使站在政黨政治的常規而論，當然最好應有兩個以上的大黨站在互相競賽的立場，使政黨政治能夠充分發揮其功效，不過在一個革命初成的新興國家裏，尤其在一個外患頻仍，內憂嚴重的國家裏面，則由一個強大政黨擔負長久的執政使命也是必要的。土耳其革命後，所以能夠建立中興的基礎，其政黨地位之鞏固或許也是重要因素。」[33]

何以「最好應有兩個以上的大黨」呢？鄧先生認為：「我們研究歐美政黨政治以後，以為他們的政黨所以能夠產生自動自發的精神，能夠內部團結一致對外，不但因為他們有嚴密的組織與紀律，而尤其因為他們有彼此競賽的良好機會。我們知道人們本來是政治動物，而政黨更是以競優角勝為目的之團體，苟無對外的競爭，則其勢必不免轉而向內，

29. 林桂圃：《國父思想精義》（臺北，著者發行，1977 年 1 月再版）
30. 張希哲：前揭文，頁 48。
31. 王昇：《國父思想》（臺北：黎明文化事業公司，1972 年 10 月四版）頁 317。
32. 鄧公玄：〈政黨政治的要素與形態〉（收載《政黨政治論集》，臺北：中華文化出版事業委員會，1956 年 10 月初版）頁 70。
33. 同上，頁 71。

這是人類天性使然，無可避免的。所以為求引起競賽的精神起見，為求刺激自動自發的努力起見，如何使我國也能具備此一條件，似乎也是值得我們的注意。」[34]吾人深有同感！

只是，我們亦不可忘記，在大敵當前之時刻，國家非比平時，吾人研讀他國政黨史，常發現有在緊要關頭各黨各派衷誠團結之紀錄。如英國在第一次世界大戰爆發時，正是自由黨當政，全國人士為集中精力，以應付戰事起見，乃有政黨休戰（Party truce）之議，遂於1915年5月由各黨組成聯合內閣（Coalition Cabinet）。第二次大戰發生時，邱吉爾應運起而組閣，亦羅致三黨領袖參加政府，是為名實相符之舉國聯合政府（National Coalition），在此期間，政黨休戰，通力合作，一致對外[35]。而美國民主黨羅斯福總統，在戰時亦曾任用共和黨人為重要幕僚陸軍部長之職。這都可以說明，國家在遇有外在威脅之時，是以和衷共濟為上策的！

是以，吾人認為，儘管中山先生主張在憲法實施後實行「兩黨制」的政黨政治，但他在「五權憲法」裏，曾說：「無論什麼東西，在一二百年前，大家以為是很好的，經過了多少時候，以至於現在，便覺得美中不足了。」[36]可見，我們要遵行的是中山先生三民主義、五權憲法之精神，而不是軀殼。吾人總認為時間和空間是萬事萬物之主宰，人類生活

---

34. 鄧公玄：《政黨政治的理論與實際》（臺北：中央文物供應社，1953年12月初版）頁83。
35. 羅孟浩：《英國政府及政治》（臺北：正中書局，1962年1月初版）頁56-61。
36. 《國父全書》，頁161。

在世，要能懂得趕上時代，適應環境，才能生存，否則有被淘汰的危險。因之，吾人以為在承平之時不妨促成兩黨政治，在戰時則應舉國團結。而執政黨如何在沒有競爭之情形下，博採眾議，俾以眾志成城，是至為重要的！誠如美國普林斯敦大學教授雷格斯（Fred W. Riggs）所言：「應多加強社會上自立或半自立的社團的活動，讓它們在無反對黨的情況下，可以向政府轉達人民的需求，並透過輿論力量防止在位者的濫權。」[37]是可見輿論之作用與集會、結社自由的保障，在民主政治社會是一日也不可缺的！

在中國春秋時代，鄭國有個政治家叫子產，當他當政時，鄉校裏的人士對他發出許多批評與攻擊，有人向他建議，鄉校無端批評朝政，不如把它解散掉，他向那位建議的人說，鄉校人士的批評，如果不對，於我無損，他們的批評如果是對的，我正應接受他們的批評而加以改進，又何必去解散它呢？「子產不毀鄉校」是中國政治史上一個容忍異己的實例，至今傳為美談！

37.Fred W. Riggs, "*Bureaucrat and Political Development: A Paradoxical Development*" (Princeton, N. J.: Princeton University press, 1963) pp. 120-167.

第六章　結論

　　總結以言，政治乃管理眾人之事，政治制度之中，政黨制度乃甚為重要的一環。吾國以三民主義為立國基礎，一切大政方針無不遵循中山先生遺教的指引，是以吾人以為中山先生關於政黨政治之思想頗有研究之價值。

　　觀乎中山先生整個政黨思想之演變，實與時代和環境發生不可分之關係，這也是中外古今任何思想家所無法超脫的，亦是吾人認為時間與空間乃是萬事萬物之主宰的理由。然而，我們也不可忽略人性的因素，人類天性是喜愛自由、不受拘束的，但是，人人而自由，不受拘束，則社會必定大亂，那就只有回到茹毛飲血的叢林社會了。我們要建立文明社會，這是政治的目的，因此處理一切公共事物都要有一套合情合理的法度，俗云「法律不外人情。」違背人類天性的法度是不可行、不可靠的！與人民總意志（general will）背道而馳的政策是行不通的！中山先生的三民主義義理論充分的順應天性人情，故而有歷久彌新之趨向！茲就寫作本論文後之感想申述如下：

　　大抵中山先生認為要建立一個合理化的現代社會，務必結合人民之心力，庶能成其大業，這是革命黨發生之由來。革命黨必須匯集天下第一流人才，包括忠於主義的知識分子

245

與軍人，這是中山先生四十年革命所得之教訓。此為吾人不可不知者一！

他對中國政治的主張，要實行民主政治這是無可置疑的。但是他感到民主政治並非一蹴可及，中國歷二千餘年的專制政體，使人民不知民主政治的價值，不知運用民權主義，這是何以民國成立而有帝制、復辟及軍閥割據自雄之原因。中山先生痛定思痛，乃決心分期從事革命建國的工作，而建國工作須有一個過渡時期，這是他與列寧不謀而合之處。然而，俄國革命成功，而中國革命失敗，何以故呢？可說是宣傳不夠及外力與軍閥勾結之結果，使他不得不以聯俄為策略，並重整旗鼓「改組中國國民黨」，以結合五四運動之後具有新知識的青年共同奮鬥。這個新面孔的中國國民黨，本質上還是革命黨，因此注重組織訓練和紀律。但是國民黨之奮鬥乃以實現三民主義五權憲法、建立自由平等博愛、民有民治民享的民主共和國為目的。因為，他的政黨思想是以革命為手段而以民主為目標的，故而，有「以黨治國」之訓政時期，而這個時期是以訓練人民行使政權為要義。倘然在國家未鞏固之前，而立即實行西方民主的政黨政治，則必然又要回歸到民初的混亂世界之老路。故他的政黨思想之中，關於「以黨治國」時期革命黨之組織與紀律部分是甚為重要的。但是革命政黨絕非極權政黨，因為革命黨是暫時性的，革命成功經過訓政時期，憲法公布實施時，中山先生主張把政權開放，然後與各政黨從事公平競爭。這是中山先生政黨思想之精神要點！而極權政黨，則即使革命成功，仍以暴力為維持其政

權於不墜之方法，陷人民生活於恐佈之中，吾人遍查中山先生言論著作，並未發現此一極權意識。他是具有「天下為公」精神的革命家和思想家，故依三民主義思想治國的國民黨至少不可能變為極權政黨。三民主義也許可能有人假冒，但不會持久。此為吾人不可不知者二！

中山先生認識到政黨政治可以防止流血革命之價值，這是他想要以英國政治為建國成功後之模範的主要原因。不過，他也不以西方代議民主的政黨政治為萬應靈丹。他認為西方民主受少數有錢人之操縱，故他想補其不足，而有「直接民權」、「全民政治」之主張，同時還要建立一套獨立的文官考試制度，這是五權憲法精神所在。基於此一理想，三民主義新中國不可能有任何一個政黨走向「一黨專政」極權統治的歧路。此為吾人不可不知者三！

1947 年 10 月 20 日南京《中央日報》社論有一段話：

> 「正因為國民黨二十年來是一個執政的黨，我們更願意懇切的揭示我們對於多黨政治的衷忱熱望，為著國家的前途，我們不但歡迎愛國民主黨派來參加政府，共同擔負今後建國的責任，即為國民黨的前途著想，我們也希望有開明而健全的黨派，居於反對黨的地位，來互相監督，互相砥礪，使我國政治臻於清明，官吏能盡忠職守。反對黨的地位是否重要，取決於能否真正代表民意，以正大光明的態度，取和平合法的程序，在政綱政策上批評政府，提出具體的建設

性的方案，以爭取大多數人民的擁護與支持，這樣的反對黨，才是民主國家的瓌寶，才是真正的民意代表，今日退而在野，明日可進而執政。今日是執政黨的諍友，明日亦可成為政府的閣僚。所以一個健全的民主政黨，當他執政的時候，不但尊重反對黨的意見，並且自己準備著交代，準備著做政府的反對黨。他在野的時候，更尊重自己的反對黨的地位。中國國民黨宣示不但歡迎一切愛國的友黨參與政治，而且正以最大努力，助成友黨的發展與壯大。……」

　　這是中山先生政黨思想的發揚！由此可以說明，中國國民黨是繼承中山先生精神遺緒的政黨。並不排斥其他愛國政黨，亦不阻止愛國人士組織政黨。此為吾人不可不知者四！

　　此外，吾人所不能已於言者，乃是「民主」之真諦。蕭公權教授有言：「什麼是民主？我們簡單的答覆是：人民有說話的機會，有聽到一切言論和消息的機會，有用和平方式自由選擇生活途徑的機會，有用和平方式選擇政府和政策的機會──而且這些機會，不待將來，此時此地，便可得著，便可利用──這就是腳踏實地的起碼民主。」[1]今日中國國民黨在臺灣，正以開放的心胸，容納各方意見。我們從國民黨經常舉辦各種座談會，邀請海內外學人、政府及民間有關人士參與，使大家能貢獻智慧，同心協力，建設國家之事實來

1.蕭公權：《迹園文存》（臺北：環宇出版社，1970 年 11 月 29 日）頁308。

看，就可瞭然；這就是「博採眾議」之精神的實踐。浦薛鳳教授認為「民主政治成功之寶鑰，與其謂在民主制度，毋寧謂在民主精神。」[2] 我們何其幸運有一個開明的執政黨和政府。但是，我們絕不能自滿，必須對民主政治有信心，加倍努力，使中山先生民權主義政黨思想之真精神發揚光大。

所寄望於國民黨者：蓋時值強鄰環伺，舉國危疑震撼之秋，我們固應「處變不驚」，但也須「慎謀能斷」，力謀因應時局、變法圖強之道，以符多元社會大眾之需要，藉以結合人民心力，進而統領萬民抵禦外侮，用能轉危為安，轉弱為強。是則有賴於智勇雙全之傑出領袖們的卓越領導，與乎富於革命精神的全體黨員之振作，庶幾無負孫中山在天之英靈。更寄望於中國的政治家們，人生不過數十寒暑，如能彼此相知，互相同情，尊重自己也尊重別人，效法中國大革命家與大思想家自由、平等、博愛之孫中山精神，容納異己，放棄獨斷主義，則臺灣與中國都將成為文明的兄弟之邦。

---

2. 浦薛鳳：《政治論叢》（臺北：正中書局，1967 年 9 月二版）序言頁 4。

參考書目

（甲）重要文獻——

1. 張其昀主編（1996）：《國父全書》，臺北：國防研究院。

2. 張其昀主編（1975）：《國父全書補編》，臺北：華岡出版部。

（乙）其他參考資料——

（一）中文部分：

1. Djlas 著，葉蒼（譯）（1975）：《不完美的社會》，香港：今日世界社。

2. 中央文物供應社（1977）：《蔣總統言論選集——黨務工作》，臺北：該社發行。

3. 王世憲（譯）（1977）：《美國政黨與政治》，臺北：幼獅文化事業公司。

4. 王昇（1972）：《國父思想》，臺北：黎明文化事業公司。

5. 王思誠（1953）：《俄國的黨爭》，臺北：中山出版社。

6. 白魯雪夫（1978）：〈紅色普魯士在動搖中〉，香港《新聞天地》第 1563 期。

7. 江炳論：〈談政黨與政治發展〉（載《東方雜誌》復刊第 6 卷第 4 期）。

8. 何公岳（1975）：〈曼谷航信〉，香港：《新聞天地》第 1413 期。

9. 李守孔（1965）：《國民革命史》，臺北：中央文物供應社。

10. 李守孔（1969）：《民初之國會》，臺北：臺灣商務印書館。

11. 李劍農（1965）：《中國近百年政治史》，臺北：臺灣商務印書館。

12. 沈雲龍（1953）：〈政黨政治與黨派平等合作〉（載《民主潮》3 卷 4 期，臺北）。

13. 林桂圃（1970）：〈中國黨政關係的剖視〉（載《中山學術文化集刊》第五集，臺北，中山學術文化基金董事會。

14. 林桂圃（1977）：《國父思想精義》，臺北：著者發行。

15. 孫子和（1976）：〈興中會之政治主張〉（載《中華學報》第 3 卷第 2 期）。

16. 浦薛鳳（1965）：《現代西洋政治思潮》，臺北：正中書局。

17. 浦薛鳳（1967）：《政治論叢》，臺北：正中書局。

18. 袁頌西（1966）：〈邁爾克斯政黨理論述評〉（載《薩孟武先生七十華誕政法論文集》）。

19. 國立編譯館（1965）：《西洋政治思想史》，臺北：正中書局。

20. 崔書琴（1956）：《孫中山與共產主義》，香港：亞洲出版社。

21. 崔書琴（1972）：《三民主義新論》，臺北：臺灣商務印書館。

22. 張皋（1955）：〈申論兩種根本不同的政黨〉（收載《民主政治與政黨政治》，臺北，民主潮社。

23. 張希哲（1977）：〈中國國民黨與政黨政治〉（載《中華學報》第 4 卷第 2 期，臺北）。

24. 張金鑑（1964）：《現代政治學》，臺北：中華文化出版事業社。

25. 陳茹玄（1956）：〈論兩黨政治〉（收載《政黨政治論集》，臺北，中華文化出版事業委員會。

26. 陳國新（譯）（1964）：《美國的政治方式》，臺北：新亞出版社有限公司。

27. 陳捷先（1977）：〈第八次全國代表大會〉（載《中華學報》第 4 卷第 1 期，臺北）。

28. 陳類思（1975）：〈維也納航信「奧總統不滿西方民主」〉，香港，《新聞天地》第 1413 期。

29. 陳鵬仁（1977）：《美國總統選舉與政治》，臺北：大林出版社。

30. 傅啟學（1965）：《國父孫中山先生傳》，臺北：中央文物供應社。

31. 傅啟學（1973）：《中國政府》，臺北：臺灣商務印書館。

32. 傅啟學：《中山先生人性論與革命方略》（手稿）

33. 楊幼炯（1969）：《中國政黨史》，臺北：臺灣商務印書館。

34. 鄒文海（1961）：《各國政府及政治》，臺北：正中書局。

35. 鄒文海：《政治學》。

36. 鄒魯（1965）：《中國國民黨史略》，臺北：臺灣商務印書館。

37. 鄒魯（1976）：《中國國民黨史稿》，臺北：臺灣商務印書館。

38. 歐陽修（1949）：〈朋黨論〉（收載吳楚材選輯《古文觀止》下冊，香港：萬象書店。

39. 談子民（1968）：《政黨論》，臺北：正中書局。

40. 鄧公玄（1953）：《政黨政治的理論與實際》，臺北：中央文物供應社。

41. 鄧公玄：〈義大利的政黨政治〉（收載國民大會秘書處編《各國政黨政治》）。

42. 蕭公權（1970）：《迹園文存》，臺北：環球出版社。

43. 總裁手著（1973）：《反共抗俄基本論》，臺北：中

央文物供應社。

44. 薩孟武（1960）：《政治學》，臺北：著者自刊。

45. 薩孟武（1974）：《中國憲法新論》，臺北：三民書局。

46. 羅志淵（1964）：《美國政府及政治》，臺北：正中書局。

47. 羅孟浩（1962）：《英國政府及政治》，臺北：正中書局。

48. 羅家倫（1954）：《六十年來之中國國民黨與中國》，臺北：中國國民黨中央委員會第四組黨史史料編纂委員會。

（二）外文部分：

1. Arendt, H. (1951). *The Origins of Totalitarianism*. (New York: Harcourt, Brace and Company)

2. Boer, Raymond A., Alex Inkeles, & Clyde Kluckhohn, (1961). *How the Soveit System works*. (New York: Vinlage Books, A Division of Random House Press)

3. Bryce, J. (1921). Modern Democracies (New York: The Macmillan Company) Vo. I.

4. Carter, Gwendalen M. and Herz John H., (1962). Major Foreign Powers, 4th ed., (New York and Burlingame: Harcourt, Brace & World, Inc.)

5. Schattschneider, E. E. (1976). "The American Party System"

Lecture on American Politics and Goverment. (V O A Forum Lectures edited by Stephen K. Bailey, English-Chinese bilingual edition published by World Today Press, Hong Kong, July)

6. Meehan,, Eugene J. Roche, John P. Stedman, Murray S. Jr., (1966). *The Dynamics of Modern Government.* (New York: Mcgraw-Hill Book Company)

7. Riggs, Fred W. (1963). "Bureaucrat and Political Development: A Paradoxical Development" (Princeton, N.J.: Princeton University Press)

8. Herman, F. (1956). *Government of Greater European Powers.* (New York: Henry Holt and Company)

9. Irish, M. D. and Prothro, F. W. (1965). *The Politics of American Democracy*, Third edition. (Englewood Cliffs, N. J.: prentice-Hall, Inc.)

10. LaPalombara, J. and Weiner, M. (eds) (1966). *Political Porties and Political Development.* (Princeton, New Jersey: Princeton University Press)

11. Leslie Lipson, (1965). *The Great Issues of politics, third edition* (Englewood Cliffs, N. J.: Prentice-Hall, Inc.)

12. Lipson, Leslie: "The Two Party System in British Politics." *American Politics Science Review*, Vol. XLVII.

13. Lipson, L.(1964). *The Democratic Civilization.* (New York: Oxford University press)

14. Maurice Duverger, (1955). Political Parties (London: Methuen and CO. LID. New York: John Wiley and Sons. Inc.)

15. Fainsod, Merle (1953). *How Russia is Ruled* (Cambridge: Harvard University Press)

16. Michels, R. (1958). (translated by Eden and Cedar Paul), *Political Parties: A Socialogical Study of the Oligarchical Tendencies of Modern Democracy.* (Glencoe, Illionois: The Free Press)

17. Djilas, Milovan (1957). *The New Class: An Anaglysis of the Communist System.* (New York: Frederick A. praeger, Publisher, August)

18. Neumann, Robert G (1955)., *European and Comparative Government.* 2nd ed., (The McGraw-Hill Book Co. Inc. Press)

19. Neumann, S. (eds.) (1956). *Modern Political Parties.* (Chicago: The University of Chicago Press)

20. Flechtheim, Ossip K. (eds.), (1952). *Fundamentals of Political Science* (New York: The Ronald press Compony) Chapter 19, "Political parties, past and present". (by S. Grover Rich. Jr.)

21. Pennock, J. R. & Smith D. (1964). *Political Science: An Introduction.* (New York: The Macmillan Company)

22. Ranney, A. (1959). *The Government of Men: An Introduction to Political Science.* (Taiwan Press, August)

23. Rossiter, C. (1960). *Parties and Politics in America* (New York: Cornell University press)

24. Sabine, George H. (1949). *A History of political Theory*. (New York: Henry Holt and Company)

25. TIME, March 13, (1978). A Special Report "Socialism: Trials and Errors"

26. Ebenstein, William (1975). *Today's Isms, seventh edition*. (Englewood Cliffs, New Jersey: Prentice-Hall, Inc.)

大學叢書

政黨論
——孫中山政治思想研究（一）

作者◆陳春生

發行人◆施嘉明

總經理◆王春申

副總編輯◆沈昭明

主編◆葉幗英

責任編輯◆徐平

校對◆梁燕樵

封面設計◆吳郁婷

出版發行：臺灣商務印書館股份有限公司

10046 台北市中正區重慶南路一段三十七號

電話：(02)2371-3712　傳真：(02)2371-0274

讀者服務專線：0800056196

E-mail：ecptw@cptw.com.tw

網路書店網址：www.cptw.com.tw

網路書店臉書：facebook.com.tw/ecptwdoing

臉書：facebook.com.tw/ecptw

部落格：blog.yam.com/ecptw

局版北市業字第 993 號

初版一刷：2014 年 6 月

定價：新台幣 300 元

政黨論──孫中山政治思想研究（一）／陳春
生著‧--初版‧-- 臺北市：臺灣商務，2014.06
面 ； 公分.--（大學叢書）

ISBN 978-957-05-2938-8(平裝)

1.孫文 2.政治思想 3.政黨政治

005.1857   103008400

10660
台北市大安區新生南路3段19巷3號1樓
臺灣商務印書館股份有限公司　收

請對摺寄回，謝謝！

傳統現代　並翼而翔

Flying with the wings of tradtion and modernity.

讀者回函卡

感謝您對本館的支持，為加強對您的服務，請填妥此卡，免付郵資寄回，可隨時收到本館最新出版訊息，及享受各種優惠。

姓名：_____　　性別：□ 男 □ 女

出生日期：_____年_____月_____日

職業：□學生　□公務(含軍警)　□家管　□服務　□金融　□製造　□資訊　□大眾傳播　□自由業　□農漁牧　□退休　□其他

學歷：□高中以下（含高中）□大專　□研究所（含以上）

地址：_____
_____

電話：(H) _____　(O) _____

E-mail：_____

購買書名：_____

您從何處得知本書？

□網路　□DM廣告　□報紙廣告　□報紙專欄　□傳單
□書店　□親友介紹　□電視廣播　□雜誌廣告　□其他

您喜歡閱讀哪一類別的書籍？

□哲學‧宗教　□藝術‧心靈　□人文‧科普　□商業‧投資
□社會‧文化　□親子‧學習　□生活‧休閒　□醫學‧養生
□文學‧小說　□歷史‧傳記

您對本書的意見？（A/滿意 B/尚可 C/須改進）

內容_____　編輯_____　校對_____　翻譯_____
封面設計_____　價格_____　其他_____

您的建議：_____

※ 歡迎您隨時至本館網路書店發表書評及留下任何意見

臺灣商務印書館 The Commercial Press, Ltd.

台北市106大安區新生南路三段19巷3號1樓　電話：(02)23683616
讀者服務專線：0800-056196　傳真：(02)23683626
郵撥：0000165-1號　E-mail：ecptw@cptw.com.tw
網路書店網址：www.cptw.com.tw　網路書店臉書：facebook.com.tw/ecptwdoing
臉書：facebook.com.tw/ecptw　部落格：blog.yam.com/ecptw